フランス料理の
新しいソース

柴田書店

はじめに

「フランス料理の醍醐味はソースにある」と言われた時代が、かつてありました。

フランス料理がより自由で、形式にとらわれない料理へと姿を変えつつある今、
頭に浮かぶのは「では、ソースは？」という疑問です。
新しいフランス料理には、新しいソースが求められるはず。
それは、どんな形をしているのでしょうか？

本書には、そんな問いかけを受けた5人のフランス料理人による
78のソースと、それを用いた料理を収録しました。
登場するソースは、たとえば次のようなものです。

………

・料理の主素材と同じ素材でつくるソース
・旨みに頼らないソース、色と香りが主役のソース
・温度と食感の変化をコントロールするソース
・自身の記憶や体験を反映したソース
・まったく新しい取り方をしただし

………

中には、従来のフランス料理であれば
ソースとして扱われなかったような品も含まれているかもしれません。
しかし、そこに注ぎ込まれた発想と技術にふれれば、
それらの「新しいソース」がフランス料理の系譜に連なっていることに気づくはずです。

料理の変化と歩を合わせるように、ソースは今、確かな広がりを見せています。
「フランス料理の醍醐味はソースにある」時代が再び訪れそうな気がしてきませんか？

目次

002 はじめに

171 私のソース論

177 料理のレシピ

206 5氏のだし

撮影／鈴木陽介(Erz)
アートディレクション／吉澤俊樹(ink in inc)
編集／丸田 祐

第一章
野菜の料理とソース

008 ホワイトアスパラガス／アーモンド／オレンジ
オレンジ風味のサバイヨン

010 葱／エンドウ豆／芽葱
焼き葱のジュ

012 エンドウ豆／ソラ豆／インゲン豆
椎茸と飯のソース

014 グリーンピース／キュウリ／牡蠣
オゼイユのジュ、キャベツのピュレ

016 筍／ワカメ／桜海老
筍のソース

018 筍／ラングスティーヌ／花ルッコラ
トマトと木の芽のソース

020 芽キャベツ／ミル貝
菜の花のピュレ、じゃが芋のクランブル

022 じゃが芋／土筆
昆布とじゃが芋のソース

024 じゃが芋／キャヴィア
アサリとキャヴィアのソース

026 花ズッキーニ／蛤
蛤とオリーブ、シトロン・コンフィのソース

028 銀杏／菊花
鯖節と春菊のソース

030 小玉ねぎ
トリュフのソース

032 茎レタス
干物のソース

034 蕪／毛蟹／キャヴィア
蕪の葉のソース、ハーブオイル

036 蕪
アンチョビとアーモンドのチュイル

038 大根
サザエの肝とコーヒーのソース

040 ラディッキオ／唐墨／ピスタチオ
黄金柑のピュレ

042 ラディッキオ
ブーダン・ノワールのソース

第二章
海老、烏賊、蛸、貝の料理とソース

046 ぼたん海老
キュウリのパウダーとゼリー

048 ラングスティーヌ／人参
3色の野菜オイル

050 オマール／ロメスコ／アーモンド
鶏のアバのソース、オマールのジュ

052 オマール／人参
オマールのソース・シヴェ

054 オマール／万願寺唐辛子
烏賊墨とカカオのソース

056 蛍烏賊／筍
蛍烏賊とチョリソのソース

058 蛍烏賊／ラディッキオ
蛍烏賊とチョリソのペースト

060 あおり烏賊／ウルイ
ストラッチャテッラのクリーム、
バジルオイル

062 あおり烏賊／大根／黒米
大根おろしのソース

064 剣先烏賊／花オクラ
ピスタチオオイル

066 紋甲烏賊
パプリカのジュ、ルタバガのピュレ

068 飯蛸／木の芽
烏龍茶のソース

070 蛤／ニョッキ
蛤と菜の花のソース、ゴーヤの泡

072 蛤
蛤と葉わさびのスープ、葉わさびオイル

074 ムール／ピーナッツ
ホオズキのソース、バジルオイル

076 赤貝／ズッキーニ／生姜
干しズッキーニの甘酢

078 牡蠣／フヌイユ
フヌイユ風味のブイヨン

080 牡蠣／銀杏
チレ・アンチョのソース

082 牡蠣／ラディッキオ／米
ソース・モレー

084 牡蠣／豚耳／ケール
牡蠣とカリフラワーのソース

086 帆立／蕪／唐墨
フロマージュ・ブランと酒粕のソース、
柚子のピュレ

088 干し貝柱／オータムポエム／ちぢみほうれん草
鶏と貝柱のビスク

090 雲丹／豚の皮
パプリカのピュレ、雲丹マヨネーズ

第三章
魚の料理とソース

094 真鯛／ケール
鯛と菜の花のスープ

096 白魚／チリメンキャベツ
黒オリーブ、シトロン・コンフィ、
ドライトマト、アンチョビ

098 白魚／ウルイ
トマトとビーツのコンソメ、そのジュレ

100 桜鱒／キャヴィア
ホワイトアスパラガスのババロア

102 桜鱒／小蕪／赤玉ねぎ
春菊のピュレ、枇杷のコンポート

104 鱒／鱒子
ブール・バチュ・フュメ

106 マナガツオ／ポワロー／金柑
白ポルトのソース

108 マナガツオ／じゃが芋／コンテチーズ
サフラン風味のマナガツオのジュ

110 穴子／根セロリ
カカオ風味の赤ワインソース

112 鰻／トリュフ
発酵させた菊芋とトリュフのソース

114 鰹／オレンジパウダー
焼き茄子のアイスパウダー、
エスプレッソオイル

116 鯖／グラニースミス
鯖とホエーのソース

118 金目鯛
グリーンピース、えのき茸、桜海老のソース

120 甘鯛／キノコのパウダー
和栗のピュレ

122 甘鯛
白子のスープ、黄蕪のピュレ

124 スジアラ／干し椎茸／帆立
干し椎茸と焦がしバターのソース

126 アカハタ／大豆／アサリ
乾物のソース

128 ヒラメ
ふきのとうとロックフォールのペースト

130 白子／サツマイモ／米
自家製発酵バター

132 白子
白子のフィルム

134 アヴルーガ／百合根
レモン風味のサバイヨン

148 鳩／ハコベ／クレソン
中華粥と鳩のアバのソース

150 ペルドロー／ラングスティーヌ／ちりめんキャベツ
ジュ・ド・ラングスティーヌのサバイヨン

152 雷鳥／鮑
手芒豆のフリカッセ、鮑の肝のソース

154 真鴨／オリーブ／銀杏
真鴨のジュ

156 フォワグラ／玉ねぎ
ふきのとうのアイス

158 兎／人参／アニス
兎のジュ

160 仔羊／芽キャベツ／唐墨
唐墨とキャベツのバターソース

162 牛／大根
揚げ野菜の赤ワインソース

164 蝦夷鹿／椎の実／松の実
ジロールと鮪の塩漬けのピュレ

166 鹿／腿肉のソシソン／黒ゴボウ
鹿とゴボウのジュ

168 蝦夷鹿／洋梨／アレッタ
ビーツのジュ

第四章
肉の料理とソース

138 鶏／毛蟹／キャヴィア
レフォールのソース

140 鶏／人参
川俣シャモと人参のソース　セップの泡

142 鶏／キヌア
ブロッコリーのピュレと
ブロッコリーのキヌア

144 鶏／カカオニブ
ブール・ローズ　ジュ・ド・プーレ

146 鶏／モリーユ茸／グリーンアスパラガス
鶏のジュ

この本を読む前に

＊レシピに記載の分量は、作りやすい、または仕込みやすい分量です。
＊使用する素材や調味料、調理環境によっても出来上がりの状態が変わるので、好みの味になるように適宜調整をしてください。
＊生クリームは、特に指定がない場合は乳脂肪分38％のものを用いています。
＊オリーブオイルは、特に指定がない場合は加熱用途にはピュア・オイル、非加熱あるいは仕上げ用途にはエキストラ・ヴァージン・オイルを使用しています。
＊バターは、無塩バターを使用しています。
＊各品のソース以外のパーツのレシピと、使用するだしのレシピは巻末にまとめてあります。

第一章

野菜の料理と
ソース

季節の移り変わりと折々の自然の彩りを
皿の上に投影するなら、野菜の出番。
ソースも色合い豊かで、かつ旨みやコクを
補強できるタイプがよく合う。

ホワイトアスパラガス／アーモンド／オレンジ

オレンジ風味のサバイヨン

「ホワイトアスパラガスとサバイヨン」という春先の定番の組合せをアレンジ。澄ましバターにパルミジャーノを浸して風味とコクを移し、オレンジ果汁で甘酸っぱさを加味した。仕上げにオリーブオイルをたらし、パッションフルーツ、ナスタチウム、アーモンドを添える。3種の柑橘が合わさって生まれる奥行きのある酸味が楽しい一皿。（料理のレシピ→178頁）

［材料］

澄ましバター…15cc
パルミジャーノ…適量
卵黄…2個
白コショウ…適量
オレンジ果汁…30cc
レモン果汁
塩…各適量

［つくり方］

❶ 澄ましバターにパルミジャーノを入れて一晩おく(Ph.1)。
❷ ボウルに卵黄を入れ、白コショウをふる(Ph.2)。オレンジ果汁を搾り入れ(Ph.3)、泡立て器で混ぜる(Ph.4)。
❸ ②を湯煎にかけて、もったりしてくるまで混ぜ続ける(Ph.5)。
❹ ③のボウルと湯の間に布巾をかませて温度を下げつつ(Ph.6)、①を少量ずつ加え混ぜる(Ph.7)。レモン果汁と塩を加えて仕上げる(Ph.8)。

［ポイント］

澄ましバターにパルミジャーノを香りを移してコクを加える。

葱／エンドウ豆／芽葱

焼き葱のジュ

焼きネギと、ネギからとったジュの組合せ。ジュをとるネギは最初に高温のオーブンで焦がさないよう短時間蒸し焼きにして、水分を抽出。これを水とともにさらに煮詰めて風味を凝縮し、甘みが際立った液体を搾り取った。焼きネギの香ばしさとソースの甘みに、ゆでたエンドウ豆と芽ネギで青臭さを添えて、春が感じられる仕立てに。（料理のレシピ→178頁）

[材料]

ネギ…2本
水…適量
白ワイン…300cc
バター…25g
オリーブオイル
塩…各適量

[つくり方]

❶ ネギを長さ20cmほどに切り、アルミ箔で包む。300℃のオーブンで10分ほど焼く (Ph.1)。
❷ ①のネギを長さ5cmに切り、アルミ箔に溜まった水分とともに鍋に入れる。ひたひたの分量になるように水を足し、火にかける (Ph.2)。
❸ ②の水分がほぼなくなるまで煮詰める (Ph.3)。シノワに押しつけるようにしてしっかりと漉す (Ph.4)。
❹ ③と白ワインを鍋に入れて火にかける (Ph.5)。沸かしてアルコール分をとばしたら、バターを加える (Ph.6)。
❺ ④にオリーブオイルをたらしながらハンドミキサーで撹拌する (Ph.7)。塩で味をととのえる (Ph.8)。

[ポイント]

ネギは高温のオーブンで急激に加熱し、一気に水分を出す。

エンドウ豆／ソラ豆／インゲン豆
椎茸と飯のソース

スナップエンドウ、ソラ豆、インゲン豆を取り合わせた一品のソースとして、生井氏は伝統食品の「鮒ずし」を活用。フナと米麹を発酵させたものだが、独特の酸味と旨みにあふれた米麹の部分（＝飯(いい)）を、フュメ・ド・ポワソンでバターで煮たシイタケに加えてアクセントに。このソースをゆでたウルイで巻いて、緑一色の料理と一体化させた。（料理のレシピ→178頁）

[材料]

シイタケ…1kg
フュメ・ド・ポワソン（→209頁）…1ℓ
バター…300g
鮒ずしの飯*…20〜30g
ウルイ
塩…各適量

＊鮒ずしの飯
滋賀県彦根市「木村水産」の鮒ずしから取った飯を使用。フナとともに乳酸発酵させたことにより、強い酸味と旨みがある

[つくり方]

❶ シイタケを細かくきざむ(Ph.1)。
❷ ①を鍋に入れ、フュメ・ド・ポワソンを注いで弱火で炊く(Ph.2)。
❸ ②の水気がなくなってきたらバターを加え混ぜる(Ph.3)。
❹ ③に鮒ずしの飯を加え混ぜ、塩で味をととのえる(Ph.4)。
❺ ④をバットにあけて粗熱をとる(Ph.5)。
❻ 塩ゆでしたウルイに⑤を一直線に流し、棒状に巻き込む(Ph.6)。

[ポイント]

飯は発酵臭が強いので少量をアクセントとして使う。

グリーンピース／キュウリ／牡蠣
オゼイユのジュ、キャベツのピュレ

フレッシュなオゼイユから搾った酸味と苦みがさわやかなジュースをそのままソースに。ほのかに甘い春キャベツのピュレを添えて、全体として甘酸っぱさが感じられる仕上がりとし、ゆでたグリーンピース、焼き目をつけたキュウリ、さっとポシェした牡蠣とともに一皿にまとめた。サクランボの赤色と甘みが全体を引き締める。（料理のレシピ→179頁）

[材料]

オゼイユのジュ
オゼイユ…適量

キャベツのピュレ
キャベツ
塩…各適量

[つくり方]

オゼイユのジュ
❶ オゼイユを洗い、水気をきる (Ph.1)。
❷ ①をスロージューサーにかけてジュースをとる (Ph.2, 3)。

キャベツのピュレ
❶ キャベツを塩ゆでし、水にさらす (Ph.4)。ゆで汁は少量を取りおく。
❷ ①のキャベツをゆで汁とともにミキサーで回してピュレにする (Ph.5)。塩で味をととのえて仕上げる (Ph.6)。

[ポイント]

オゼイユ、キャベツともには鮮度のよいものを選ぶ。

筍／ワカメ／桜海老
筍のソース

焼きタケノコとワカメのムースを盛った器に、タケノコのゆで汁にフュメ・ド・ポワソンで魚の旨みを足したソースを注ぐ「若竹煮」風の一品。ただしソースには生クリームとハチミツで濃厚なコクと甘みをプラスし、フランス料理らしい仕上がりとした。客前でソースをかけて、別添えした素揚げのサクラエビを散らして食べてもらう。（料理のレシピ→179頁）

［材料］

タケノコ…2kg
トウガラシ…1本
フュメ・ド・ポワソン（→209頁）
…1.5ℓ
生クリーム…1ℓ
ハチミツ
バター、塩…各適量

［つくり方］

❶ タケノコの先端を落とし、皮に切込みを入れ、トウガラシを加えた湯でゆでる(Ph.1)。
❷ ゆで上がったら皮をむき(Ph.2)、内側の柔らかい部分と皮に近い固い部分に切り分ける(Ph.3)。
❸ 鍋にフュメ・ド・ポワソンを注ぎ、②のタケノコをすべて入れる。落し蓋をして(Ph.4)、弱火で1時間ほど煮る(Ph.5)。漉す（タケノコの柔らかい部分は取りおいて料理に使用する）。
❹ ③の煮汁を鍋に移し、半量程度になるまで煮詰める(Ph.6)。生クリームとハチミツを加え、2/3量になるまで煮詰める(Ph.7)。
❺ ④にバターを加えて溶かし、塩で味をととのえる。ハンドミキサーで撹拌して仕上げる(Ph.8)。

生クリームとハチミツで濃度つけたソースは、トロリとしたテクスチャー。

［ポイント］

タケノコのえぐみが出ないよう、弱火でじっくりと煮る。
ハチミツと生クリームでボリューム感を出す。

筍／ラングスティーヌ／花ルッコラ

トマトと木の芽のソース

ゆでたタケノコに叩いたラングスティーヌをたっぷりとぬって重ね揚げにし、とう立ちして花をつけたルッコラを添えた一品。春らしい仕立てに合わせ、トマトウォーターに木の芽で香りづけしたさわやかなスープをソースとした。口に含むとトマトの酸味と木の芽のさわやかな香り、そして重ね揚げのコクが引き立て合う仕立てだ。（料理のレシピ→179頁）

[材料]

トマトウォーター
　┌ トマト…2個
　│ 水…50cc
　└ 塩…1つまみ
バター…15g
木の芽
オリーブオイル…各適量

[つくり方]

❶ トマトウォーターをつくる。トマトを1週間程度常温において熟れさせる(Ph.1)。
❷ ①をザク切りにして、水、塩とともに鍋に入れる(Ph.2)。耐熱性のラップ紙で密閉して、軽く圧力をかけながら沸かす(Ph.3)。30〜40分、弱火で加熱する(Ph.4)。
❸ ②をキッチンペーパーを敷いたザルにあけ(Ph.5)、そのまま冷蔵庫に一晩おいて静かに漉す。
❹ ③のトマトウォーターを鍋にとり、2/3量になるまで煮詰める。バターを加えて溶かす(Ph.6)。
❺ 包丁で叩いた木の芽を加える(Ph.7)。オリーブオイルをたらし、分離させたまま提供する(Ph.8)。

[ポイント]

トマトは常温で追熟させて、強い風味を引き出してから使う。

芽キャベツ／ミル貝

菜の花のピュレ、じゃが芋のクランブル

マッシュポテトにパン粉を混ぜて乾燥させたクランブルをソース代わりに、芽キャベツとその下に隠れたミル貝を楽しむ一品。さくさくした食感のクランブルと対を成すように、しっとりしたナノハナのピュレを添えて水分やとろみを補っている。このピュレは鶏のだしでのばして旨みを補強したものだ。（料理のレシピ→180頁）

[材料]

菜の花のピュレ

ナノハナ…200g
バター…20g
新タマネギ…50g
ブイヨン・ド・プーレ（→210頁）…200cc
塩、コショウ…各適量

じゃが芋のクランブル

じゃが芋（シンシア）…300g
溶かしバター…60g
パン粉…240g

[つくり方]

菜の花のピュレ

❶ ナノハナの葉を塩ゆでし(Ph.1)、氷水にさらして色止めする。
❷ フライパンにバターを溶かし、薄切りにした新タマネギを炒める(Ph.2)。ブイヨン・ド・プーレを注ぎ、軽く煮詰める。
❸ ①と②をミキサーに入れて撹拌する(Ph.3)。目の粗いシノワで漉し、塩とコショウで味をととのえる(Ph.4)。

じゃが芋のクランブル

❶ じゃが芋をゆでて皮をむき、裏漉しする。
❷ ①に溶かしバターを加え混ぜ、パン粉を加えてさらに混ぜる(Ph.5)。
❸ パン粉とバターが混ざりサラサラになってきたら(Ph.6)、オーブンシートを敷いた天板に広げる。50～60℃のオーブンで半日乾燥させる(Ph.7)。
❹ ③を指でほぐす(Ph.8)。

土に見立てたクランブルから芽キャベツが芽吹き、花が咲く情景をイメージ。

[ポイント]

菜の花のピュレは、水っぽくならないよう茎を取り除いてつくる。

じゃが芋／土筆

昆布とじゃが芋のソース

じゃが芋のニョッキに合わせたソースのベースは、湯に粉末の昆布を溶いた昆布だし。そこにじゃが芋のすりおろしを加えて、旨みと甘み、そしてきわめてねっとりしたテクスチャーを表現した。バターとナツメグでフランス料理らしいコクと香りをまとわせたソースをニョッキにからめ、素揚げしたツクシを貼り付けて提供する。（料理のレシピ→180頁）

[材料]

昆布パウダー…15g
水…250cc
ジャガイモパウダー*…20g
ジャガイモ…30g
ナッツメッグ
バター
塩…各適量

＊ジャガイモパウダー
ローストしたジャガイモを乾燥させ、ミルサーで挽いたもの

[つくり方]

❶ 鍋に昆布パウダーと水を入れ、加熱する(Ph.1)。泡立て器で混ぜて昆布パウダーを水に溶かし込む(Ph.2)。
❷ クッキングペーパーを敷いたザルに①を入れ、ペーパーを絞るようにして圧力をかけながら漉す(Ph.3)。
❸ ②を鍋に移し、加熱する。ジャガイモパウダーを加え混ぜる(Ph.4)。
❹ ジャガイモを皮ごとすりおろし(Ph.5)、③に加える(Ph.6)。
❺ ④にナッツメグをふり、バターでつなぐ(Ph.7)。
❻ 塩で味をととのえ、ハンドミキサーで撹拌する(Ph.8)。

昆布のとろみとじゃが芋のデンプンで、ソースはねっとり粘着感のある風合いに。

[ポイント]

ソースの濃度が濃すぎる場合は昆布だしを足して調整する。

じゃが芋／キャヴィア

アサリとキャヴィアのソース

生井氏が自店のテーマカラーに据えるグレーの皿に合わせて仕立てたグレーのソースは、アサリのジュにキャヴィアを加えて撹拌し、漉したものだ。皿にはじゃが芋のタルトを敷き、じゃが芋のスライスを盛り、マスの卵をあしらう。キャヴィアとヴリニという伝統的な組合せにヒントを得て、現代的なアミューズとして蘇らせた一品。（料理のレシピ→180頁）

[材料]

アサリ…1kg
ニンニクオイル…適量
フュメ・ド・ポワソン（→209頁）…360cc
白ワイン…30cc
エシャロット…60g
バター…100g
キャヴィア…適量

[ポイント]

アサリとキャヴィアの塩気で味をととのえる。

[つくり方]

❶ 鍋にニンニクオイル（解説省略）を熱し、砂抜きしたアサリ、フュメ・ド・ポワソン、白ワインを加えて火にかける(Ph.1)。
❷ ①を沸かして、アサリの殻を開かせる(Ph.2)。味がのるまで煮込み、きざんだエシャロットを加える。すぐに火を止めて漉す(Ph.3)。
❸ ②を鍋に移し、火にかける。バターを加え溶かし、ハンドミキサーで泡立てる(Ph.4)。
❹ ③にキャヴィアを入れ(Ph.5)、さらにハンドミキサーで撹拌する
❺ (Ph.6)。漉す(Ph.7, 8)。

じゃが芋の花びらの下に、サブレのような軽い食感のタルトが敷かれている。

花ズッキーニ／蛤

蛤とオリーブ、シトロン・コンフィのソース

花ズッキーニにハマグリのムースを詰めてフリットに。ハマグリのだしをブイヨン・ド・レギュームで割ったソースにレモンのコンフィとグリーンオリーブを加え、花ズッキーニを多用する南仏らしい味わいを表現した。ソースをつなぐ際に古典的なルウを用いたのもポイントで、小麦粉のとろみにより、ふくよかつなめらかに仕上がる。（料理のレシピ→181頁）

[材料]

ブイヨン・ド・レギューム
- ポワロー…30g
- ニンジン…70g
- タマネギ…50g
- フヌイユ…30g
- セロリ…60g
- 水…700cc
- 塩…ひとつまみ

ハマグリのジュ
- ハマグリ…3個
- 水…適量

ルウ
- バター…12g
- 00粉*…4g

*00粉
あらかじめ140℃のオーブンで1時間加熱しておく

シトロン・コンフィ
オリーブ…各適量

[つくり方]

❶ ブイヨン・ド・レギュームをつくる。材料をすべて薄切りにし、水とともに鍋に入れて火にかける。沸いたら弱火で30分間煮てから漉す(Ph.1)。
❷ ハマグリのジュをつくる。鍋に少量の水(分量外)を入れて沸騰させ、ハマグリを10秒間ほど塩ゆでする(Ph.2)。殻が開く前に取り出し、ナイフなどで殻を開き、身とヒモに分ける Ph.3)。
❸ ②のハマグリのヒモ(今回は身も使用)、殻に溜まっていたジュ、水を鍋に入れて7～8分間煮る(Ph.4)。ハマグリを取り除く。
❹ ルウをつくる。鍋にバターを入れて溶かし、00粉を加える(Ph.5)。加熱しながらよく混ぜる(Ph.6)。
❺ ①と③を50ccずつ合わせ、④に注ぐ(Ph.7)。軽く煮詰め、シトロン・コンフィと適宜に切ったオリーブを加える(Ph.8)。

[ポイント]

ハマグリの殻が開ききる前に熱湯から引き上げ、えぐみが出るのを防ぐ。

銀杏／菊花

鯖節と春菊のソース

揚げギンナンの黄色、ソースの濃緑色、オリーブオイルの黄緑色がコントラストを描く色鮮やかな一品。緑色のソースはシュンギクのピュレ。「フュメ・ド・ポワソンやカツオ節よりも野趣に富む」（荒井氏）というサバ節のだしでのばしたものだ。ともすれば印象が弱くなりがちな野菜料理を、味と色彩の両面で強く印象づける。（料理のレシピ→181頁）

[材料]

鯖だし
　水…150cc
　サバ節…10g
シュンギク…50g
ガルム
水溶き葛粉…各適量

[つくり方]

❶ 鯖だしを作る。鍋に水を張って沸かし、削ったサバ節を入れて火から下ろす(Ph.1)。サバ節が沈んだら紙漉しする(Ph.2)。
❷ シュンギクを塩ゆでし(Ph.3)、氷水にさらして色止めする。ミキサーにかけてピュレにする(Ph.4)。
❸ ①を鍋に移して火にかける。ガルムを加えて味をととのえ(Ph.5)、水溶き葛粉でとろみをつける(Ph.6)。
❹ ③に②を加え混ぜる(Ph.7, 8)。

[ポイント]

サバ節はえぐみが出ないよう煮立たせずに静かに漉す。

小玉ねぎ

トリュフのクーリ

表面を焼いてカラメリゼしたペコロスを、風味豊かな黒トリュフのソースで味わう一皿。マッシュルームをスュエした鍋にマデラ、ポルト、コニャック、コンソメなどを順に注いで煮詰め、最後にたっぷりのトリュフを加えてつなぐ。酒とだしを凝縮させた旨みにトリュフの香りをのせることで、フランス料理の王道の味わいを出した。（料理のレシピ→181頁）

[材料]

マッシュルーム…100g
エシャロット…20g
マデラ…270cc
ポルト…135cc
コニャック…85cc
コンソメ…125cc
フォン・ド・ヴォライユ（→206頁）…125cc
トリュフ…50g
トリュフのピュレ*…50g
塩…適量

＊トリュフのピュレ
トリュフの皮や端材を凍らせてパコジェットにかけたもの

[つくり方]

❶ 鍋に薄切りにしたマッシュルームとエシャロットを入れてスュエする(Ph.1)。
❷ ①がしんなりしてきたらマデラ、ポルト、コニャックを注ぎ(Ph.2)、1/10量程度になるまで煮詰める(Ph.3)。
❸ ②にコンソメ（解説省略）を注ぎ(Ph.4)、次いでフォン・ド・ヴォライユを注いで半量程度になるまで煮詰める(Ph.5)。
❹ ③にトリュフの薄切りとトリュフのピュレを加え(Ph.6, 7)、軽く煮詰める。塩で味をととのえる。
❺ ④をフードプロセッサーで撹拌し、漉す(Ph.8)。

[ポイント]

マッシュルームをスュエする際は、鍋に油脂は敷かず素材の水分を生かす。

茎レタス

干物のソース

「短時間で濃い旨みが出る干物は、ソースのベースとして有望な素材」と話す高田氏。アジの干物とマッシュルームから旨みを抽出したソースに、ゆでた茎レタス（チシャトウ）を合わせた。ソースは生クリーム、コンテチーズ、ニンニクなどの風味で日本らしさを和らげ、濃厚な味わいに。泡立てて空気を含ませ、軽やかに仕上げた。（料理のレシピ→182頁）

[材料]

アジの干物…1尾
ニンニク…1片
フェンネルシード…適量
マッシュルーム…6個
日本酒…150cc
牛乳…150cc
生クリーム…150cc
コンテチーズ（皮の部分）
サワークリーム
大豆レシチン
バター
塩…各適量

[つくり方]

❶ 鍋にバターを熱し、ぶつ切りにしたアジの干物とニンニクの薄切りを炒める(Ph.1)。
❷ 干物にこんがりとした焼き色がついたらフェンネルシードと薄切りにしたマッシュルームを加え、混ぜながら炒める(Ph.2)。
❸ ②に日本酒を加えてアルコール分をとばす(Ph.3)。牛乳、生クリームを加え、味がまわるまで煮込む(Ph.4)。
❹ ③をハンドミキサーで攪拌し、漉す(Ph.5)。
❺ ④を鍋にとって火にかける。コンテチーズを入れて香りを移す(Ph.6)。
❻ ⑤からコンテチーズを取り出し、サワークリームを加える。塩で味をととのえ、大豆レシチンを入れてハンドミキサーで泡立てる(Ph.7, 8)。

[ポイント]

干物はアジの他にノドグロなど脂ののった魚が合う。

蕪／毛蟹／キャヴィア

蕪の葉のソース、ハーブオイル

白い大きな花状に盛りつけたのは、スライスした生のカブ。点描した緑のソースは、カブの葉をクールブイヨンとともにピュレにしたものと、ハーブの香りを移したオイル。ソースで毛ガニの身を和え、キャヴィアも添えてぜいたくな仕立てとしているが、あくまでも「カブを食べる」がコンセプトの一品だ。（料理のレシピ→182頁）。

[材料]

蕪の葉のソース

カブの葉…200g
クールブイヨン（→211頁）…200cc
アガー…3g

ハーブオイル

バジルの葉
パセリの葉
セルフイユ
ディル
オリーブオイル…各適量

[つくり方]

蕪の葉のソース

❶ カブの葉を塩ゆでする(Ph.1)。冷水にさらして色止めする。
❷ ①をよく絞って水気をきり、クールブイヨンとともにミキサーで30秒間撹拌する(Ph.2)。紙漉しする。
❸ ②を鍋に移し、アガーを加えながら火にかけてかき混ぜる(Ph.3)。
❹ ③の温度が90℃まで上げったら火から下ろし、氷水に当てて混ぜながら急冷する(Ph.4)。
❺ ④が固まったら(Ph.5)、ハンドミキサーで撹拌し(Ph.6)、シノワで漉す(Ph.7)。

ハーブオイル

❶ ミキサーにバジルの葉、パセリの葉、セルフイユ、ディルを入れ、60℃に温めたオリーブオイルを注ぐ。
❷ ①を3分間撹拌し、紙漉しする(Ph.8)。

[ポイント]

ハーブオイルは、オイルを温めることで色と香りが抽出しやすくなる。

蕪

アンチョビとアーモンドのチュイル

桃のような見た目のサラダ蕪「もものすけ」が主役の品。バターで煮たアンチョビとアーモンドをペーストにし、冷やし固めたチュイルがソースの役割を果たす。みずみずしく甘い生のカブと濃厚なチュイルの味、しっとりとしたカブの食感とチュイルのクリスピーさという、2つの対比を楽しんでもらう一皿。（料理のレシピ→182頁）

[材料]

アーモンド（マルコナ種）…160g
アンチョビ…80g
バター…165g

[つくり方]

❶ アーモンドを180℃のオーブンで5〜6分間加熱する(Ph.1)。
❷ アンチョビをザルにあけて温かな場所におき、余計な油を落とす(Ph.2)。
❸ 鍋にバターを溶かし、②を加える(Ph.3)。弱火にかけながら泡立て器で混ぜる(Ph.4)。
❹ ③のバターがふつふつと沸いて薄茶色に色づいてきたら火を弱め(Ph.5)、①を加えて火から下ろす(Ph.6)。
❺ ④をミキサーにかけて粗いペースト状にする(Ph.7)。ラップ紙を敷いたバットに2mm厚に流し、冷凍庫で冷やし固める(Ph.8)。固まったら適宜の大きさに割る。

[ポイント]

アンチョビの油をよくきっておくと生臭さが出ない。

大根

サザエの肝とコーヒーのソース

昆布だしで炊いたダイコンに磯の香りが漂うサザエの肝のソースをまとわせた。肝は日本酒で炊いてクセを和らげ、オイスターソースで旨みをプラス。肝、フキノトウ、コーヒーパウダーというタイプの異なる3種の苦みと香りの要素を重ね合わせた複雑な構成のソースを、汁気たっぷりなダイコンがしっかりと受け止める。(料理のレシピ→183頁)

[材料]

サザエの肝…12個分
日本酒…50cc
オイスターソース…少量
乾燥フキノトウ*…8個
コーヒー豆
オリーブオイル
塩…各適量
*乾燥フキノトウ
フキノトウをマイクロウェーブ乾燥させた市販品。獲れたてに近いフレッシュな香りが残る

[つくり方]

1. 鍋にオリーブオイルを熱し、サザエの肝(Ph.1)を炒める。
2. 肝に火が入ったら日本酒を加えて沸かす(Ph.2)。
3. ②にオイスターソースを加え、肝に煮汁をかけながら1/2量程度になるまで煮詰める(Ph.3)。
4. ③と乾燥フキノトウ(Ph.4)を合わせてフード・プロセッサーで撹拌する(Ph.5)。途中で少量のオリーブオイルを加え、さらに撹拌する。
5. ④を鍋に漉し入れ(Ph.6)、温める。
6. ⑤に挽いたコーヒー豆をふり(Ph.7)、塩で味をととのえて仕上げる(Ph.8)。

見た目はまるでチョコレートのよう。サザエの肝の量でコクと旨みを調整する。

[ポイント]

サザエの肝の磯臭さをコーヒー豆の苦みと香ばしさでマスキングする。

ラディッキオ／唐墨／ピスタチオ

黄金柑のピュレ

大ぶりに切って強火で焼いたラディッキオを、甘酸っぱい柑橘のピュレで食べる一品。淡い黄色が印象的なピュレは、「香りが豊かで、ほどよい酸味がある」(金山氏)という黄金柑を使用したもの。ピリッとした青臭さのあるオリーブオイルを加えて乳化させ、風味を引き締める。ピスタチオとカラスミを散らしてアクセントに。(料理のレシピ→183頁)

[材料]

黄金柑…230g
水…250cc
グラニュー糖…40g
オリーブオイル…40cc

[つくり方]

❶ 黄金柑を四等分し、種を取り除く(Ph.1)。
❷ 鍋に水とグラニュー糖を入れて火にかけ、グラニュー糖を溶かす。
❸ ①の黄金柑を皮を下にして②の鍋底に並べ、沸かす(Ph.2)。
❹ 紙蓋をして(Ph.3)、水(分量外)を足しながら、黄金柑が柔らかくなるまで弱火で1時間半〜2時間煮る(Ph.4)。
❺ ④の黄金柑をミキサーにかける。オリーブオイルを少量ずつ加えながら撹拌し(Ph.5)、ペースト状にする(Ph.6)。

[ポイント]

柑橘は皮ごと使うので、苦みが強すぎない品種を選ぶ。

ラディッキオ
ブーダン・ノワールのソース

丸ごと素揚げしたラディッキオと、ブーダン・ノワールの組合せ。鶏のブイヨンに麦味噌とブーダン・ノワールを溶かし、ラードでつないだ個性的なソースは高田氏の故郷、奄美大島の伝統料理にも見られる組合せ。ラディッキオのソテーにソースをまとわせて皿に敷き、上にのせたパリパリのフリットを崩しながら食べる趣向だ。(料理のレシピ→183頁)

[材料]

鶏のブイヨン(→208頁)…200cc
麦味噌…35g
ブーダン・ノワール*…80g
とろみ調整食品(トロメイク)…少量
ラード*…20g
ピマン・デスプレット
塩…各適量

*ブーダン・ノワール
兵庫県芦屋市「メツゲライクスダ」の製品を使用
*ラード
鹿児島・奄美大島原産の「島豚」のラードを使用

[つくり方]

❶ 鍋に鶏のブイヨンと麦味噌(Ph.1)を入れて火にかける。泡立て器で混ぜる(Ph.2)。
❷ ブーダン・ノワール(Ph.3)を適宜の大きさに切り、①に加える(Ph.4)。とろみ調整食品も加え混ぜる(Ph.5)。
❸ 一旦火からおろし、ハンドミキサーで撹拌する。
❹ ③にラードを加えて再び火にかけ(Ph.6)、ハンドミキサーで撹拌する。
❺ ④にピマン・デスプレットをふり(Ph.7)、塩で味をととのえて仕上げる(Ph.8)。

素揚げのラディッキオの下半分にもソースをまとわせて、しっかりと味をのせる。

[ポイント]

まずとろみ調整食品で濃度をつけてから、ラードで風味を加えつつ照りを出す。

第二章

海老、烏賊、蛸、貝の料理とソース

活躍の場が多いフリュイ・ド・メール。
弾力たっぷりの海老、ねっとり絡みつく烏賊、
歯切れのよい貝など、特有の食感に合わせて
ソースの濃度や風味をコントロールする。

ぼたん海老

キュウリのパウダーとゼリー

新鮮な活けのボタンエビをライム果汁などでさっとマリネして、ゼリーとアイスパウダーの2種に仕立てたキュウリのソースを合わせた。キュウリはゴマ油で炒めて青臭さをとばしてから、ホエーやシソ、沖縄の辛味調味料コーレーグースなどとともに撹拌。ガスパチョのような清涼感のある味わいに仕立てている。（料理のレシピ→184頁）

[材料]

キュウリ…10本
ホエー（乳清）…180cc
梅干し…1個
大葉…10枚
ショウガの搾り汁…30cc
コーレーグース*…5cc
板ゼラチン…2枚
太白ゴマ油
ゴマ油
塩…各適量

＊コーレーグース
島唐辛子を泡盛に漬け込んだ、沖縄県産の辛み調味料

[つくり方]

❶ キュウリの種を取り除き、適宜の大きさに切る。
❷ 鍋に太白ゴマ油を熱し、①を入れる(Ph.1)。キュウリに油をからめるように、鍋をあおりながら強火で炒める(Ph.2)。塩とゴマ油で味をととのえる。
❸ ②、ホエー、梅干し、大葉、ショウガの搾り汁、コーレーグースを合わせてミキサーにかける(Ph.3, 4)。
❹ ③の一部をパコジェットの専用容器に入れて凍らせる。提供直前にパコジェットにかけ、キュウリのパウダーとする(Ph.5)。
❺ ③の一部を温めて、水でもどした板ゼラチンを加える。冷やし固めてキュウリのゼリーとする(Ph.6)。

[ポイント]

キュウリは強火で一気に炒めて、フレッシュ感を残しつつ香ばしさをまとわせる。

ラングスティーヌ／人参
3色の野菜オイル

さっと焼いたラングスティーヌと和歌山県産のミニニンジンに合わせたのは、動物性のだしを用いずに仕立てた3種の野菜オイル。ラングスティーヌをストレートに味わうための、「色と香りが主役」（高田氏）のソースだ。黄色い人参オイル、オレンジ色のトマトオイル、緑色のパセリオイルが自然に混ざり合う色合いも印象的な一品。（料理のレシピ→184頁）

［材料］

ニンジンオイル

ニンジン…1kg
ひまわり油…600cc

トマトオイル

トマト・コンサントレ…250g
ブランデー…100cc
ひまわり油…600cc

パセリオイル

パセリ…250g
オリーブオイル…250cc

［つくり方］

ニンジンオイル

❶ ニンジンの皮をむいて厚さ4mmほどのいちょう切りにする(Ph.1)。
❷ 鍋にひまわり油と①を入れて火にかける。80〜85℃で水気がなくなるまで加熱する(Ph.2)。
❸ ②を火からおろし、ハンドミキサーで撹拌する(Ph.3)。
❹ ③を再び火にかけ、泡立て器で撹拌しながら加熱してニンジンの水分を十分にとばす(Ph.4)。
❺ ④を紙漉ししてオイルをとる(Ph.5, 6上)。漉し器に残ったニンジンはピュレに用いる(→184頁)。

トマトオイル

❶ 鍋にトマト・コンサントレを入れてブランデーとひまわり油でのばし、火にかける。
❷ 80〜85℃で水気がなくなるまで加熱する。ハンドミキサーで撹拌し、紙漉しする(Ph.6下)。

パセリオイル

❶ パセリとオリーブオイルをパコジェットの専用容器に入れて冷凍する。パコジェットにかける。
❷ ①を溶かしてシノワで漉してから紙漉しする(Ph.6中)。

［ポイント］

出来上がったオイルは冷凍庫で保管すると色がとびにくい。

オマール／ロメスコ／アーモンド

鶏のアバのソース、オマールのジュ

「魚介と肉の組合せ」は荒井氏が多用するテーマのひとつ。ここではオマールのジュをぬってラケにしたオマールに、鶏の内臓をトマトソースで煮た濃厚なソースを合わせた。さらに赤パプリカのペーストにスパイスを加えたロメスコで旨みを加味。「若い頃、イタリア料理店で食べた組合せがベース」という一品だ。(料理のレシピ→184頁)

[材料]

鶏のアバのソース

鶏の内臓(心臓、砂肝、肝臓)…200g
バター…35g
マッシュルームのデュクセル…65g
トマトソース…180g
パルミジャーノ…10g
白コショウ、塩…各適量

オマールのジュ

オマールの殻、ブランデー、
ミルポワ(ニンジン、タマネギ、セロリ)、
トマト、水、米油、
塩…各適量

[つくり方]

鶏のアバのソース

❶ 鶏の内臓を粗くきざむ。
❷ フライパンにバターを入れて火にかけ、ブール・ノワゼットを作る(Ph.1)。
❸ ②に①を入れて炒める(Ph.2)。全体が色づいてきたら塩、白コショウ、マッシュルームのデュクセル、トマトソース(ともに解説省略)を加えて煮込む(Ph.3)。
❹ やや水分がとび、全体がなじんできたらすりおろしたパルミジャーノと塩を加え(Ph.4)、もったりとしたピュレ状に仕上げる(Ph.5)。

オマールのジュ

❶ オマールの殻をぶつ切りにして(Ph.6)、米油を敷いた鍋で炒める。
❷ ブランデーでフランベし、ミルポワ、トマト、水を入れる。濃度がつくまで煮詰め、漉す(Ph.7)。塩で味をととのえる。
❸ ゆでたオマール(→182頁)に②をぬってはサラマンドルで乾かす工程を数回くり返す(Ph.8)。

[ポイント]

鶏の内臓はやや大ぶりにきざんで食感を残す。

オマール／人参

オマールのソース・シヴェ

オマールのベニエとともに供する赤ワインソースはフランス料理の基本に忠実な仕立て。オマールのガラを炒めて香りと旨みを抽出し、赤ワインと赤ポルトをミロワールになるまで煮詰めたものを仕上げに加えて、キレよく仕上げる。人参のピュレをソースに混ぜながら食べることで味わいの変化を楽しんでもらう。（料理のレシピ→185頁）

[材料]

オマールのソース・シヴェ

オマールの殻…1尾分
ニンニク…1/2個（皮付き）
ミルポワ（ニンジン、タマネギ、セロリ）…適量
赤ワイン…270cc
赤ポルト…270cc
赤ワイン（仕上げ用）…70cc
赤ポルト（仕上げ用）…70cc
バター…50g
オリーブオイル、塩…各適量

人参のピュレ

ニンジン…200g
バター…50g
水…100cc
ローリエ…1枚

[つくり方]

オマールのソース・シヴェ

❶ オマールの殻をぶつ切りにする。オリーブオイルを敷いた鍋でニンニクとともに炒める(Ph.1)。
❷ ニンニクの香りが立ってきたらミルポワを加えさらに炒める。
❸ オマールの殻が赤く色づいたら赤ワインと赤ポルトを加え、デグラッセする(Ph.2)。
❹ ③のアクを取りながら半量になるまで煮詰め(Ph.3)、漉す。
❺ 別鍋に、仕上げ用の赤ワインと赤ポルトを合わせ、沸騰させる(Ph.4)。ツヤが出るまで煮詰める(Ph.5)。
❻ ④を⑤に加えて(Ph.6)、再度沸騰させる。バターでモンテし(Ph.7)、塩で味をととのえて仕上げる(Ph.8)。

人参のピュレ

❶ 鍋にバターを熱し、スライスしたニンジンを20分ほどかけて柔らかくなるまで炒める。
❷ ①に水とローリエを加える。沸いたらローリエを取り除き、ミキサーにかけてピュレにする。

[ポイント]

仕上げにも酒をたっぷりと使い、風味とキレを出す。

オマール／万願寺唐辛子

烏賊墨とカカオのソース

オマールのローストと、甲殻類（今回はアカザエビ）のだしがベースのソースという定番の組合せながら、金山氏は新鮮なイカやイカスミ、さらにカカオ分100％のチョコレートをソースに加えることで風味の複雑さや味わいの奥行きを表現。仕上げにラルド・ディ・コロンナータをのせて油脂分と塩気、旨みを補った。（料理のレシピ→185頁）

［材料］

フュメ・ド・ラングスティーヌ…100cc
　アカザエビの腕
　　白ワイン
　　水…各適量
ヤリイカ…2杯
ポワロー
ニンジン
セロリ…各適量
水…500cc
イカスミ（冷凍）…15g
シェリーヴィネガー…少量
クーベルチュール
（カカオ分100％のもの）…3g
グレープシードオイル
塩…各適量

［つくり方］

❶ フュメ・ド・ラングスティーヌを作る。アカザエビの腕を長さ1cmほどにきざみ、170℃のオーブンで20分間焼く（Ph.1下）。
❷ 鍋に①、白ワイン、水を入れて30分間ほど煮出す。漉す（Ph.1上）。
❸ ヤリイカの目とクチバシを取り、脚をはずす（脚は他の料理に使う）。胴体を内臓ごと輪切りにする。
❹ グレープシードオイルを敷いた鍋で③のヤリイカを炒める（Ph.2）。水気がなくなったら、色紙切りにしたポワロー、ニンジン、薄切りにしたセロリを加えてさらに炒める（Ph.3）。
❺ ④にフュメ・ド・ラングスティーヌと水を加え、デグラッセする（Ph.4）。
❻ ⑤にイカスミを加え、1時間半ほど煮詰める（Ph.5）。シノワで漉す（Ph.6）。
❼ ⑥を小鍋に取り、シェリーヴィネガーときざんだクーベルチュールを加える（Ph.7）。沸かしてアクをとる。塩で味をととのえて仕上げる。（Ph.8）。

［ポイント］

野菜類はしっかり炒めて甘みをよく引き出す。

蛍烏賊／筍

蛍烏賊とチョリソのソース

フランス・バスク地方の料理に見られる「イカと豚」の組合せをヒントに、ホタルイカにチョリソのソースを合わせた。「アクセントとして香りのよい葉ものを」と選んだ根三つ葉の香りで、日本の春を表現。ホタルイカは身と肝を分けてからソテーし、ソースの中でともに温めて仕上げることで一体感を出した。（料理のレシピ→185頁）

[材料]

根三つ葉…40g
チョリソ…60g
クールブイヨン（→211頁）…90cc
フュメ・ド・ポワソン（→211頁）…120cc
水溶き葛粉…適量
ホタルイカ…100g
オリーブオイル
レモン果汁
塩
コショウ…各適量

[つくり方]

❶ 根三つ葉の葉をちぎって軸のみとする (Ph.1)。軸を細かくきざむ。
❷ 鍋にオリーブオイルを熱し、細かくきざんだチョリソを炒める (Ph.2)。油にチョリソの香りが移ってきたら①を加え、軽く炒め合わせる (Ph.3)。
❸ ②にクールブイヨンとフュメ・ド・ポワソンを注ぎ、軽く煮詰める (Ph.4)。塩とコショウで味をととのえる。
❹ ③を弱火にして水溶き葛粉でとろみをつける。
❺ ホタルイカの目とクチバシ、軟骨を取り、ワタを潰さないように脚ごと内臓を引き抜く (Ph.5)。
❻ テフロン加工のフライパンに少量のオリーブオイルを熱し、⑤のホタルイカの身と内臓を炒める (Ph.6)。塩で味をととのえ、レモン果汁をたらす。
❼ ④に⑥を加えて温める (Ph.7)。ソースに内臓が溶け出し茶色くなったら完成 (Ph.8)。

[ポイント]

ソースの中でホタルイカを温めることで一体感を高める。

蛍烏賊／ラディッキオ

蛍烏賊とチョリソのペースト

生井氏も目黒氏(56頁)と同様にホテルイカとチョリソの組合せを披露。両者を炒め合わせて作った風味豊かなペーストをホタルイカのベニエに添えて、「ホタルイカでホタルイカを食べる」一品に仕立てた。ソテーと生のラディッキオを添え、香ばしいスモークパプリカパウダーをふって赤色が目を引く一品に。(料理のレシピ→186頁)

[材料]

チョリソ…50g
ホタルイカ(ゆでたもの)…200g
タマネギのキャラメリゼ*…90g
スモークパプリカパウダー…20g
フォン・ド・ヴォライユ(→209頁)…100cc
マスタード
ニンニクオイル…各適量

*タマネギのキャラメリゼ
タマネギを飴色になるまで炒めたもの

[つくり方]

❶ 鍋にニンニクオイルを熱し、細切りにしたチョリソを炒める(Ph.1)。
❷ ①に目、クチバシ、軟骨を取ったホタルイカを加え(Ph.2)、さらに炒める。タマネギのキャラメリゼ、スモークパプリカパウダーも加える(Ph.3)。
❸ ②のホタルイカを木ベラでつぶしながら炒め(Ph.4)、水分がとんだらフォン・ド・ヴォライユを加える(Ph.5)。混ぜながら軽く煮詰める。
❹ ③をフード・プロセッサーで撹拌する(Ph.6)。裏漉す。
❺ ④とマスタードを鍋にとり、混ぜ合わせる(Ph.7, 8)。

[ポイント]

パプリカパウダーはスモークしたものを使い、スパイシーさを強調する。

下からソース、ホタルイカのベニエ、ラディッキオの順に重ねて盛る。

あおり烏賊／ウルイ

ストラッチャテッラのクリーム、バジルオイル

「ウルイを使った料理」が出発点という一品。粘り気のあるウルイとねっとりした生のアオリイカを合わせることを決め、緑と白からなる色彩構成に合わせて、白いストラッチャテッラ（モッツァレラの中身）のクリームと緑のバジルオイルをソースに起用。さらに酸味と旨みの要素としてスイートグリーントマトを添えた。（料理のレシピ→186頁）

[材料]

ストラッチャテッラのクリーム

ストラッチャテッラ*…200g
牛乳…50cc
レモン果汁…10cc

＊ストラッチャテッラ
モッツァレラの固形分に生クリームを混ぜたもの。モッツァレラの中にストラッチャテッラを詰めたものをブッラータと呼ぶ

バジルオイル

バジルの葉…30g
パセリの葉…30g
オリーブオイル…300cc

[つくり方]

ストラッチャテッラのクリーム

❶ ストラッチャテッラを用意する(Ph.1)。
❷ ①、牛乳、レモン果汁をミキサーに入れ(Ph.2)、10秒間ほど撹拌する(Ph.3、4)。
❸ シノワで漉し(Ph.5)、なめらかなクリーム状に仕上げる(Ph.6)。

バジルオイル

❶ ミキサーにバジルの葉、パセリの葉を入れ、60℃に温めたオリーブオイルを注ぐ(Ph.7)。
❷ ①を3分間撹拌し、紙漉しする(Ph.8)。

イカとトマトを盛った上にサラダをのせ、ディスペンサーでソースを線描する。

[ポイント]

ストラッチャテッラは、モッツァレラと生クリームを混ぜ合わせたもので代用できる。

第二章 海老、烏賊、蛸、貝の料理とソース ― 目黒浩太郎／アビス

あおり烏賊／大根／黒米

大根おろしのソース

ダイコンおろしをのせて食べる「みぞれ鍋」をヒントに、「烏賊と大根」のおいしさを表現した一品。たっぷりのダイコンおろしでイカの脚、鶏の手羽を煮詰めて風味を凝縮させたソースの深い旨みと甘みが、大きな存在感を放つ。このソースをさっと焼いたアオリイカ、大根餅、黒米のパフを盛りつけた器に客前で注いで仕上げる。（料理のレシピ→186頁）

[材料]

アオリイカの脚…5杯分
鶏（川俣シャモ）の手羽…1kg
ダイコン…5本
水溶き葛粉
塩…各適量

[つくり方]

❶ アオリイカの脚を塩もみして洗う。鶏の手羽は血合いを取り除く。ダイコンはすりおろす(Ph.1)。
❷ 鍋に①をすべて入れて火にかける(Ph.2)。蓋をせずにそのまま加熱し、1/4量程度になるまで1時間ほど煮詰める(Ph.3, 4)。
❸ ②をシノワで漉す(Ph.5)。その際、ヘラで強く押さえつけてダイコンおろしのエキスを搾り取る(Ph.6)。
❹ ③を小鍋に移し、火にかける。水溶き葛粉でとろみをつけ(Ph.7)、塩で味をととのえる(Ph.8)。
❺ 筒切りにして中身をくり抜いたダイコン（分量外）に④を注ぎ、客前で料理にかける。

ソースはダイコンをくり抜いた器に入れて、視覚面でも"ダイコン"を強調する。

[ポイント]

ダイコンおろしをたっぷり使い、煮詰めて甘みを引き出す。

剣先烏賊／花オクラ

ピスタチオオイル

「ナッツとイカは好相性」と話す目黒氏。市販のピスタチオオイルにローストしたピスタチオを加えて濃厚な自家製オイルを作成。このオイルで、炙ったケンサキイカ、花オクラ、各種のハーブ、野生種のエノキのソテーなどを和えてシンプルなサラダ仕立てにした。「ヘーゼルナッツなども、主張が強すぎず使いやすいです」(目黒氏)。(料理のレシピ→187頁)

[材料]

ピスタチオ…50g
ピスタチオオイル…200cc

[つくり方]

❶ ピスタチオの殻をはずし(Ph.1)、実を皮付きのまま140℃のオーブンで30分間ローストする(Ph.2)。
❷ ①のピスタチオをミキサーに入れ、ピスタチオオイル(Ph.3)を注ぎ、3分間ほど撹拌する(Ph.4)。
❸ ③を目の粗いザルで漉す(Ph.5, 6)。

[ポイント]

目の粗いザルで漉して、ピスタチオのテクスチャーを残す。

紋甲烏賊
パプリカのジュ、ルタバガのピュレ

柔らかなモンゴウイカのタルタルにパプリカのフュメを注いだ、シンプルながら滋味深い一品。パプリカの酸味とイカの甘みがバランスよく重なり、ほのかに青臭いルタバガのピュレが余韻を断つ役割を果たす。「素材の質がよい今の時代は、『旨みに頼りすぎないソース』が求められている」と話す金山氏の考えが現れた一品だ。（料理のレシピ→187頁）

[材料]

パプリカのジュ

パプリカ…1個
パプリカ水*…100cc
オリーブオイル…10cc
塩…1つまみ

＊パプリカ水
生のパプリカをスロージューサーにかけ、一度沸かして漉したもの

ルタバガのピュレ

ルタバガ
バター
塩…各適量

[つくり方]

パプリカのジュ

❶ パプリカを四等分し、グリル板で皮目を焼く (Ph.1, 2)。
❷ ①、パプリカ水、オリーブオイル、塩を専用の袋に入れて真空にかける (Ph.3)。88℃のスチコンで1時間半加熱する。
❸ ②を漉す (Ph.4)。

ルタバガのピュレ

❶ 湯にバターと塩を加えて沸かす (Ph.5)。適宜に切ったルタバガを入れて、柔らかくなるまでゆでる。
❷ ①と少量のゆで汁をミキサーにかける (Ph.6, 7)。裏漉しする (Ph.8)。

[ポイント]

ルタバガはバターとともにゆでてコクを出す。

飯蛸／木の芽

烏龍茶のソース

イイダコの脚に絡めたソースの材料は烏龍茶、ミリン、干し椎茸のもどし汁、鶏のブイヨン、実ザンショウの塩漬け……。一見、無秩序とも思える組合せだが、烏龍茶の渋みをミリンでマスキングし、鶏のブイヨンの旨みが実ザンショウの刺激を和らげるといったように、バランスのよい味わい。烏龍茶葉の食感も楽しい一品だ。（料理のレシピ→187頁）

［材料］

烏龍茶葉…30g
水…400cc
ミリン…40cc
コニャック…20cc
豚のブイヨン（→209頁）…200cc
干し椎茸のもどし汁…100cc
水溶き葛粉
実山椒の塩漬け…各適量

［つくり方］

❶ 鍋に烏龍茶葉と水を入れて加熱し(Ph.1)、水分がなくなるまで煮詰める(Ph.2)。
❷ ①にミリンとコニャックを加え(Ph.3)、アルコール分をとばす(Ph.4)。
❸ ②から、食感を損なう烏龍茶葉の軸の部分を取り除く(Ph.5)。
❹ ③に豚のブイヨンと干し椎茸のもどし汁を加え(Ph.6)、1/2量になるまで煮詰める(Ph.7)。
❺ 水溶き葛粉でとろみをつけ、強火で沸かす。実山椒の塩漬けを加え混ぜる(Ph.8)。

［ポイント］

烏龍茶葉のうち小さな葉先の部分は食感のアクセントになるので鍋に残して仕上げる。

蛤／ニョッキ

蛤と菜の花のソース、ゴーヤの泡

春先に旬を迎えるハマグリを、緑一色の仕立てで提供。ハマグリのジュにナノハナのピュレを加え、たっぷりのバターでつないだコクのあるソースをニョッキにまとわせる。酒蒸ししたハマグリにはゴーヤの泡をのせてアクセントに。ハマグリ、ナノハナ、ゴーヤの「苦みのグラデーション」（生井氏）が楽しめる一皿だ。（料理のレシピ→188頁）

[材料]

蛤と菜の花のソース

日本酒…30cc
水…90cc
ハマグリ…5個
ナノハナ…1束
バター…300g
ナタネ油
塩…各適量

ゴーヤの泡

ゴーヤ
ハマグリのジュ*
大豆レシチン…各適量

＊ハマグリのジュ
ハマグリを酒蒸しにして口を開かせ、漉したもの

[つくり方]

蛤と菜の花のソース

❶ 鍋に日本酒と水を注いで沸かし、ハマグリを入れて口を開かせる(Ph.1)。漉す。
❷ ナノハナを塩ゆでし、フード・プロセッサーで撹拌してピュレにする(Ph.2)。
❸ ①の液体を鍋にとり、加熱する。バターを溶かし(Ph.3)、②を加え混ぜる(Ph.4)。
❹ ③にナタネ油をたらしながら泡立器で混ぜてつなぐ(Ph.5)。塩で味をととのえ、ハンドミキサーで撹拌して仕上げる(Ph.6)。

ゴーヤの泡

❶ 180℃に熱したサラダ油（分量外）で、種を取り、輪切りにしたゴーヤを油通しする(Ph.7)。①をハマグリのジュとともにミキサーで撹拌し、シノワで漉す(Ph.8)。
❷ ハンドミキサーで撹拌して泡立てる。

[ポイント]

ゴーヤは最初に油通しすることで色鮮やかな泡が出来る。

蛤

蛤と葉わさびのスープ、葉わさびオイル

「日本料理の突き出しで出る小吸物」（目黒氏）をイメージしたハマグリの温かいスープ仕立て。味わいがもっとも高まる瞬間を狙い、アラミニッツで蓋を開かせたハマグリに、ハマグリのだしと葉ワサビで作ったスープをかけた。葉ワサビを合わせたのは、「フレッシュな辛みと刺激が加わると貝の甘みが引き立つ」との考えからだ。（料理のレシピ→188頁）

[材料]

蛤と葉わさびのスープ
蛤のだし
　ハマグリ（小型のもの）…1kg
　昆布…10g
　水…1ℓ
クールブイヨン（→211頁）…50cc
葉ワサビの茎…50g
水溶き葛粉
塩、コショウ…各適量

葉わさびオイル
葉ワサビの葉…60g
オリーブオイル…300cc

[つくり方]

蛤と葉わさびのスープ
❶ 蛤のだしをつくる。鍋にハマグリ、昆布、水を入れて火にかける(Ph.1)。沸いたらアクを取りながら20分間煮出す(Ph.2)。漉して軽く煮詰める。
❷ 鍋に蛤のだし300ccとクールブイヨンを加えて(Ph.3)、火にかける。塩とコショウで味をととのえる。沸いたらアクを取り、弱火に落とす。
❸ 葉ワサビの軸をきざんで加え(Ph.4, Ph.5)、水溶き葛粉でとろみをつける(Ph.6)。

葉わさびオイル
❶ 葉ワサビの葉を粗くきざむ(Ph.7)。
❷ ①と60℃に熱したオリーブオイルをミキサーで撹拌する。紙漉しする(Ph.8)。

[ポイント]

水溶き葛粉は前日に水に溶いてなじませておくとまとまりがよくなる。

ムール／ピーナッツ
ホオズキのソース、バジルオイル

オレンジ色が共通するムールとホオズキで秋口の季節感を表現。ムールのジューシーさを引き立てるスープ仕立てにした。「甘みと酸味のバランスがホオズキと似ている」(目黒氏)ことからソースのベースにはトマトのクリアウォーターを使用。バジルオイル、ヒマワリの新芽、ピーナッツをあしらって色鮮やかに仕上げる。(料理のレシピ→188頁)

[材料]

ホオズキのソース

トマトウォーター
[トマト…2kg
  塩…10g
ホオズキ…50個
クールブイヨン(→211頁)
ハチミツ
水溶き葛粉、塩…各適量

バジルオイル

バジルの葉…30g
パセリの葉…30g
オリーブオイル…300cc

[つくり方]

ホオズキのソース

❶ トマトウォーターをつくる。ザク切りにしたトマトをバットに並べ、塩をふる(Ph.1)。ラップ紙をかけて100℃・湿度100%のスチコンで1時間蒸す(Ph.2)。紙漉しする(Ph.3)。
❷ ホオズキをジューサーにかけてジュースを取る(Ph.4左)。
❸ ①、②、クールブイヨンを1:1:0.7の割合で合わせ、鍋に入れる(Ph.5)。ハチミツと塩で味をととのえる。
❹ ③を火にかけて沸かし、アクを取る(Ph.6)。水溶き葛粉でとろみをつける(Ph.7,8)。

バジルオイル

❶ ミキサーにバジルの葉とパセリの葉を入れ、60℃に温めたオリーブオイルを注ぐ。
❷ ①を3分間撹拌し、紙漉しする。

[ポイント]

ハーブ類は温めたオイルとともに撹拌すると色と香りが際立つ。

赤貝／ズッキーニ／生姜

干しズッキーニの甘酢

干したズッキーニのだしに鹿児島・加計呂麻島特産のキビ酢と黒糖を加え、「切り干しダイコンのような」（高田氏）甘みと旨みが感じられるソースとした。さっとサラマンドルで温めたアカ貝に「ガリ」のイメージでショウガやズッキーニの小角切りを散らし、熱々のソースを注ぐと余熱でアカ貝に火が入り、半生の状態に仕上がる。（料理のレシピ→189頁）

[材料]

ズッキーニ…適量
水…300cc
タイム…1枝
黒糖…15g
きび酢…20〜30cc
塩…適量

[つくり方]

❶ ズッキーニを輪切りにして、85℃のディハイドレーター（もしくは低温のオーブン）に6時間入れて乾燥させる(Ph.1)。
❷ 鍋に40gの①、水、タイムを入れて沸かす(Ph.2)。黒糖ときび酢(Ph.3)を加えて煮込み、ズッキーニの風味を抽出する(Ph.4)。
❸ ②を1/2ほどまで煮詰めたら塩で味をととのえる(Ph.5)
❹ ③を紙漉しする(Ph.6)。

[ポイント]

旨みと甘みがよく出るよう、ズッキーニは表面が軽くカラメリゼされるまでしっかりと乾燥させる。

牡蠣／フヌイユ

フヌイユ風味のブイヨン

鶏のブイヨンでフヌイユの枝をアンフュゼした濃厚な風味のスープに牡蠣を合わせた。「特に好き嫌いがわかれる素材」（目黒氏）である牡蠣の風味をフヌイユの香りと鶏のうま味でスープと調和させることを狙った一品だ。ごく浅く火入れした牡蠣に生のフヌイユやユズ皮を散らし、熱々のスープを注いで香り高く仕上げる。（料理のレシピ→189頁）

[材料]

フヌイユの枝（乾燥させたもの）…50g
ブイヨン・ド・プーレ（→210頁）…300cc
水溶き葛粉
ユズ果汁
塩
コショウ…各適量

[つくり方]

❶ フヌイユの枝を洗って乾かしておく (Ph.1)。
❷ 鍋にブイヨン・ド・プーレと①を入れて火にかけ、80℃ほどを保って煮出す (Ph.2)。紙漉しする (Ph.3)。
❸ ②を鍋に移して沸かす。アクを取り、水溶き葛粉でとろみをつける (Ph.4)。
❹ ③の鍋を火から下ろし、ユズ果汁を加える (Ph.5)。塩とコショウで味をととのえる (Ph.6)。

[ポイント]

フヌイユの枝を煮出す際はエグみが出るので液体の温度を上げすぎない。

牡蠣／銀杏

チレ・アンチョのソース

小品ながら、見た目のインパクトが大きい高田氏の牡蠣料理。左の皿の燻製牡蠣がまとっているのは、辛みの少ないトウガラシ「チレ・アンチョ」の素揚げをベースに、黒ニンニク、シナモン、パプリカ、柿などを合わせた黒いソース。牡蠣の燻香に、スパイシーかつフルーティーなソースがよく合う。ギンナンの素揚げを1粒添えて。（料理のレシピ→189頁）

［材料］

チレ・アンチョ*…100g
タマネギ…2個
シナモン…1/2本
黒ニンニク…50g
柿…50g
パプリカ…150g
トマト・コンサントレ…80g
赤味噌…25g
ブイヨン・ド・レギューム（→208頁）
竹炭パウダー
オリーブオイル
塩…各適量

*チレ・アンチョ
メキシコ産の乾燥唐辛子。色は赤黒く、辛みは穏やかでフルーティーな風味がある

［つくり方］

❶ 材料を用意する(Ph.1)。パプリカは焼いて皮をむく。チレ・アンチョは170℃のオリーブオイルで素揚げする(Ph.2)。

❷ 圧力鍋にオリーブオイルを敷き、①、薄切りにしたタマネギ、シナモンを炒める(Ph.3)。

❸ ②に黒ニンニク、小角切りにした柿、ローストして小角切りにしたパプリカ、トマト・コンサントレを入れてさらに炒める(Ph.4)。

❹ ③に赤味噌とブイヨン・ド・レギュームを加え(Ph.5)、蓋をして20分ほど煮る(Ph.6)。

❺ 煮上がったら(Ph.7)、ミキサーで撹拌する。

❻ ❺を鍋に移し、加熱して軽く煮詰める。塩で味をととのえ、竹炭パウダーを加え混ぜる(Ph.8)。

［ポイント］

牡蠣にぬった時に流れないよう、できるだけもったりした状態に仕上げる。

牡蠣／ラディッキオ／米

ソース・モレー

牡蠣とラディッキオの苦みにぶつけるソースとして、荒井氏がヒントにしたのがメキシコのチョコレートソース「モレ」。計7種のスパイスを油で炒めて香りを立たせ、フォンを注いで煮出しところにアマゾンカカオを加えて煮溶かした。「複雑な風味のソースなので、少量をアクセント的に用います」(荒井氏)。(料理のレシピ→190頁)

[材料]

スパイス類
  ┌ クミンシード
  │ コリアンダーシード
  │ カルダモン
  │ フェンネルシード
  │ メース
  └ フェヌグリークシード…各20g
オリーブオイル…30cc
シェリーヴィネガー…30cc
バルサミコ酢…30cc
フォン・ド・ヴォライユ(→206頁)…300cc
アマゾンカカオ*…20g
塩…適量

＊アマゾンカカオ
料理人の太田哲雄氏が南米から輸入するフェアトレードのカカオマス

[つくり方]

❶ 鍋にオリーブオイルを敷き、強火で熱する。充分に温まったらスパイス類(Ph.1)を入れて炒める(Ph.2)。
❷ ①にシェリーヴィネガーとバルサミコ酢を注ぎ(Ph.3)、軽く煮詰める(Ph.4)。
❸ ②にフォン・ド・ヴォライユを加え(Ph.5)、半量程度になるまで煮詰める(Ph.6)。
❹ アマゾンカカオをけずる。③に加えて煮溶かし(Ph.7)、漉す。塩で味をととのえて仕上げる(Ph.8)。

[ポイント]

スパイスは強火で炒めて香りを立たせる。
ただし、焦がさないよう加熱は短時間で。

牡蠣／豚耳／ケール

牡蠣とカリフラワーのソース

「じっくり火を入れたカリフラワーのおいしさは格別」（生井氏）。カリフラワーのピュレと牡蠣、パセリオイルをともに攪拌してピュレを作り、甘酸っぱい豚の耳の煮込みとともに、ポシェした牡蠣にかける。上にかぶせた乾燥ケールを砕いて、全体を混ぜながら食べればカリフラワーの甘みと牡蠣の濃い旨みが渾然一体となる。（料理のレシピ→190頁）

[材料]

カリフラワー…2房
ベーコン…30g
牡蠣…500g
白ワイン…100cc
フォン・ド・ヴォライユ（→208頁）
…90cc
パセリオイル*
バター
オリーブオイル
塩…各適量

*パセリオイル
パセリをオリーブオイルに入れて攪拌し、漉したもの

[つくり方]

❶ 鍋にバターを熱し、カリフラワーの薄切りを入れる（Ph.1）。焦げつかないように混ぜながらスュエする（Ph.2）。
❷ ①をフード・プロセッサーで攪拌する（Ph.3）。
❸ 別鍋にオリーブオイルを熱し、ベーコンの細切りを炒め、牡蠣を加える（Ph.4）。白ワインとフォン・ド・ヴォライユを加え、デグラッセする（Ph.5）。
❹ ③をミキサーで攪拌する（Ph.6）。
❺ ②、④、パセリオイルを7:2:1の割合で合わせて、フード・プロセッサーで攪拌する（Ph.7, 8）。

[ポイント]

カリフラワーは飴色に色づくまでじっくりと火を入れて甘みを引き出す。

緑色のケールの下から、パセリオイルで色付けした緑色のピュレが現れる仕掛け。

帆立／蕪／唐墨

フロマージュ・ブランと酒粕のソース、柚子のピュレ

フロマージュ・ブランと酒粕を合わせた冷たいソースでホタテとカラスミを和え、ユズのピュレやオリーブオイルと混ぜながら食べる一品。ともに発酵食品であるフロマージュ・ブランと酒粕の酸味、甘み、コク、発酵臭が重なって複雑な味わいが生まれる。ソースは1〜2日置いてなじませてから使うとよい。（料理のレシピ→190頁）

[材料]

フロマージュ・ブランと酒粕のソース

フロマージュ・ブラン…100g
酒粕（獺祭）…30g
牛乳…100cc

柚子のピュレ

ユズ…5個
トレハロース…120g
砂糖…60g
塩…6g

[つくり方]

フロマージュ・ブランと酒粕のソース

❶ キッチンペーパーを敷いたボウルにフロマージュ・ブランを入れ、2時間ほどおいて水気をきる。酒粕は練って柔らかくしておく(Ph.1)。
❷ ①のフロマージュ・ブランと酒粕を容器に合わせ(Ph.2)、ハンドミキサーで撹拌する(Ph.3)。
❸ ②に牛乳を加えてさらに撹拌し、なめらかな液状にする(Ph.4)。
❹ ③を密封し、涼しい場所に1〜2日おいてなじませる。使用前に再度ハンドミキサーで軽く撹拌する(Ph.5)。

柚子のピュレ

ユズの皮を2回ゆでこぼし、その他の材料とともに90℃のサーモミックスで熱しながら撹拌する(Ph.6)。

[ポイント]

酒粕は香りのよい大吟醸のものを使用する。

干し貝柱／オータムポエム／ちぢみほうれん草

鶏と貝柱のビスク

鶏の手羽のだしを骨ごとミキサーにかけて、濃厚かつクリーミーなスープをとる。ここに生と乾燥、2種のホタテの貝柱で作ったスープを合わせて、山海の旨みがたっぷりと詰まった「合わせだし」を作った。器の中心に浮かぶチヂミホウレンソウを崩し、中に詰めた干し貝柱やオータムポエムの黒酢炒めをスープに浸して食べてもらう。（料理のレシピ→191頁）

[材料]

鶏だし
- 鶏の手羽（骨付き）…1kg
- 昆布水*…1ℓ

干し貝柱のだし
- ホタテのヒモ…20個分
- エシャロット…70g
- イタリアンパセリの軸…4本分
- タイム…3枝
- ヴェルモット…40cc
- 干し貝柱のもどし汁…500cc
- 米油　適量

塩…適量

*昆布水
水に昆布を浸して一晩置き、漉したもの

[つくり方]

1. 鶏だしをつくる。鶏の手羽と昆布水を合わせ、圧力鍋で1時間煮る(Ph.1)。
2. サーモミックスで骨ごと撹拌する(Ph.2, 3)。漉す。
3. 干し貝柱のだしをつくる。ホタテのヒモを塩でもみ洗いする。
4. 鍋に米油を熱し、薄切りにしたエシャロットを炒める(Ph.4)。③を加え、強火で水分をとばすように炒める(Ph.5, 6)。
5. ④にイタリアンパセリの軸、タイム、ヴェルモットを加え、干し貝柱のもどし汁を注いで15分間煮る(Ph.7)。漉す(Ph.8)。
6. ②の鶏だしと⑤の干し貝柱のだしを同量ずつ合わせ、塩で味をととのえる。ハンドミキサーで撹拌する。

[ポイント]

手羽は骨ごと撹拌して濃厚なだしをとる。

雲丹／豚の皮

パプリカのピュレ、雲丹マヨネーズ

パプリカパウダーがかかった豚の皮のフリットの下に、生ウニと2種のソースが隠れている。ソースの1つはパプリカのピュレ。もう1つは塩をして半乾燥させたウニを裏漉して作る自家製のウニマヨネーズ。これらを混ぜ合わせ、ディップのようにしてサクサクの豚の皮とともに食べるようすすめる。（料理のレシピ→191頁）

[材料]

パプリカのピュレ

パプリカ…5個
シェリーヴィネガー…30cc
グラニュー糖…50g
生クリーム…90cc
コニャック
塩…各適量

雲丹マヨネーズ

ウニ…100g
マヨネーズ（自家製）…50g
塩…適量

[つくり方]

パプリカのピュレ

❶ パプリカを300℃のオーブンで30〜40分ローストする（Ph.1）。
❷ ①をミキサーにかけ、塩とシェリーヴィネガーで味をととのえる。
❸ 鍋にグラニュー糖を入れて強火で熱し、キャラメルを作る。しっかり焦げ色がついたら生クリームを加えて温度を下げる（Ph.2）。コニャックを加えアルコール分をとばす。
❹ ③に②を加え（Ph.3）、ハンドミキサーで撹拌する（Ph.4）。

雲丹マヨネーズ

❶ ウニにベタ塩をして（Ph.5）、冷蔵庫に3日間おく。
❷ ①を流水で洗い、水気をふき取る（Ph.6）。冷蔵庫に3日おいて乾燥させる。
❸ ②の水分が充分に抜けたら裏漉してピュレにし（Ph.7）、マヨネーズを加え混ぜる（Ph.8）。

[ポイント]

ウニは冷蔵庫で風をあててしっかりと水分をとばす。

豚の皮を外すと色鮮やかなソースとヴィオラの花が現れ、お客の目を楽しませる。

第三章 海老、烏賊、蛸、貝の料理とソース ── 生井祐介／オード

第三章

魚の料理と
ソース

魚料理は作り手の個性が出しにくい──
そんなことを言われたのは昔の話。
自由な発想でソースの選択肢を増やせば、
印象深い仕立てが可能になる。

真鯛／ケール

鯛と菜の花のスープ

「しっとりと蒸したタイのゼラチン質のおいしさ」がテーマの一品。タイで取ったフュメ・ド・ポワソンとナノハナでスープを作り、ハーブオイルとフィーヌ・ゼルブで香り豊かに仕上げる。スープはナノハナの代わりにケールを使うこともあり、「その場合はトリュフを加えて濃厚な風味にしてもおいしいです」(目黒氏)。(料理のレシピ→192頁)

[材料]

フュメ・ド・ポワソン
　タイの中骨…5尾分
　昆布…10g
　水…1ℓ
ナノハナの葉…200g
クールブイヨン…50cc
パセリオイル*…5cc
フィーヌ・ゼルブ
レモン果汁
塩
コショウ…各適量

＊パセリオイル
パセリ60gを60℃に温めたオリーブオイル300ccとともにミキサーで撹拌したもの

[つくり方]

❶ フュメ・ド・ポワソンをつくる。タイの中骨を掃除して塩をふり、10分おく(Ph.1)。
❷ ①を熱湯で霜降りする。水にさらしながら血合いを取り除く(Ph.2)。
❸ ②、昆布、水を鍋に入れて火にかける。沸いたらアクを取りながら弱火で30分加熱し(Ph.3)、漉す。
❹ ③を鍋にとり、1/2～1/3の量になるまで煮詰める(Ph.4)。
❺ ナノハナの葉の部分のみを塩ゆでして氷水にさらし、色止めする(Ph.5)。よく絞って水気をきる。
❻ ④と⑤をミキサーに入れて撹拌する(Ph.6)。目の粗いシノワで漉す。
❼ ⑥を氷水にあてて急冷する。クールブイヨンで濃度を調整し、塩とコショウで味をととのえる(Ph.7)。
❽ 提供直前に、⑦にパセリオイルとフィーヌ・ゼルブ、レモン果汁を加えて温める(Ph.8)。

[ポイント]

ナノハナの茎を入れると水っぽくなるので葉のみを使う。

白魚／ちりめんキャベツ

黒オリーブ、シトロン・コンフィ、ドライトマト、アンチョビ

鮮度が決め手で傷みやすいシラウオは、「だからこそチャレンジしたい素材」と目黒氏。就業先の南仏を思わせるオリーブ100％のソースでシラウオを和えて、塩気とコクが主張する味わいに仕立てた。これをレモン、アンチョビ、トマトとともに熱々の皿に盛り、上にチリメンキャベツのソテーをかぶせ、ほんのり温かなサラダとして提供。（料理のレシピ→192頁）

［材料］

黒オリーブのピュレ
　黒オリーブ（塩漬け）…50g
　オリーブオイル…200cc
シトロン・コンフィ
ドライトマト
アンチョビ…各適量

［つくり方］

❶ 黒オリーブのピュレをつくる。黒オリーブの種を抜き、適宜の大きさにきざむ(Ph.1)。
❷ ①を50℃の乾燥機またはオーブンで24時間加熱する(Ph.2, 3)。
❸ ②とオリーブオイルをミキサーに入れて5分間ほど撹拌する。途中、適宜オリーブオイルを足して濃度を調整する(Ph.4)。
❹ 目の粗いザルで③を漉す。ヘラを使って固形分も落とす(Ph.5)。
❺ 全体が均一になるように混ぜる(Ph.6)。
❻ 提供直前に⑤をシラウオ(→192頁)にかけて和える(Ph.7)。
❼ シトロン・コンフィ、ドライトマト、アンチョビ(Ph.8)はそれぞれ適宜にきざんでおき、料理の仕上げ時に使う。

［ポイント］

オリーブは低温で乾燥させてセミドライの状態にしてからピュレにする。

白魚／ウルイ

トマトとビーツのコンソメ、そのジュレ

シラウオ、ウルイ、梅干しのピュレ、花穂で白とピンクの可憐な2色にまとめた品に合わせたのは、鮮やかな赤色のソース。トマトのクリアウォーターでビーツを煮出したものだ。旨み、甘み、土っぽさが折り重なったこのソースをそのまま使う他、紅芋酢と油で乳化させてピュレとしても使用。同じソースを異なる状態にすることで広がりを持たせた。（料理のレシピ→192頁）

[材料]

トマトとビーツのコンソメ

トマトウォーター
- トマト…2kg
- 塩…24g

ビーツ…30g

トマトとビーツのジュレ

トマトとビーツのコンソメ…400cc
アガー…20g
紅芋酢
米油…各適量

[つくり方]

トマトとビーツのコンソメ

❶ トマトウォーターを作る。トマトを湯むきしてザク切りにし、塩をふる。冷蔵庫に入れて一晩置く(Ph.1)。
❷ ①をミキサーで撹拌し、キッチンペーパーを2枚重ねたザルにあける(Ph.2)。圧をかけず、液体が自然に落ちるのを待つ。
❸ 250ccの②を鍋に注ぎ、薄切りにしたビーツを加えて火にかける(Ph.3)。沸いたらアクを取り、ビーツの色と香りが移るまで煮詰める(Ph.4)。漉す(Ph.5)。

トマトとビーツのピュレ

❶ 「トマトとビーツのコンソメ」を90℃ほどまで温めてアガーを加え、泡立て器でよく混ぜる(Ph.6)。ボウルに移し、氷水にあてて急冷する。
❷ ①が固まったら紅芋酢を加えてゆるめ、米油を加えてミキサーで撹拌する(Ph.7、8)。

温かなソースを客前で注ぎ、ほのかに熱せられたシラウオを味わってもらう。

[ポイント]

トマトに前日に塩をしておくと、トマトウォーターを漉し取る時間を大幅に短縮できる。

桜鱒／キャヴィア

ホワイトアスパラガスのババロア

鶏のブイヨンでくたくたになるまで煮たホワイトアスパラガスをパコジェットにかけ、生クリームなどと混ぜてババロアに。スモークサーモンの塩気と油脂、キャヴィアの塩気と旨みをからませながら、ホワイトアスパラガスの甘みが凝縮された口溶けのよいババロアを味わってもらう「実はソースが主役」(生井氏)の一品。(料理のレシピ→193頁)

［材料］

ホワイトアスパラガス…1kg
フォン・ド・ヴォライユ(→209頁)…200cc
牛乳…180cc
板ゼラチン…10g
生クリーム
バター
塩…各適量

［つくり方］

❶ ホワイトアスパラガスの穂先から5cmほどを切り落とし、残りを長さ2cmほどに切る(Ph.1)。穂先は料理の仕上げ用に取りおく。
❷ 鍋にバターを熱し、①を入れて火にかける。フォン・ド・ヴォライユを加え、20分ほどエテュベする(Ph.2)。
❸ ②のホワイトアスパラガスが柔らかくなったら牛乳を加え(Ph.3)、塩で味をととのえる。パコジェット専用容器に入れて冷凍する(Ph.4)。
❹ ③をパコジェットにかけ、鍋に移して温める。
❺ 水でもどした板ゼラチンを入れたボウルに少量の④を注ぎ、ゼラチンを溶かす(Ph.5)。再度最初のボウルにもどして全体をなじませる。ボウルを氷水にあてながら混ぜる(Ph.6)。
❻ 六分立てにした生クリームを何度かに分けて⑤に流し入れ、混ぜる(Ph.7)。
❼ ⑥をサイフォンに詰め、ガスを充填する。提供直前に絞る(Ph.8)。

［ポイント］

ホワイトアスパラガスの皮は、風味が出るのでむかずに使う。

桜鱒／小蕪／赤玉ねぎ

春菊のピュレ、枇杷のコンポート

スモークサーモンにシュンギクのピュレとビワのコンポートを添えた。ピュレはシンプルな作り方だが、「冷えてしまうと風味が落ちて台無しに。直前に仕込み、常温で提供するのが絶対条件です」と金山氏。カルダモンが香るビワのコンポートは、言わば「固形のソース」。さっくりした食感とスパイシーな甘みがアクセントになる。（料理のレシピ→193頁）

[材料]

春菊のピュレ

シュンギク…1束
重曹…5g
塩…少量

枇杷のコンポート

ビワ…2個
グラニュー糖…25g
水…80cc
カルダモンシード
レモン果汁…各適量

[つくり方]

春菊のピュレ

❶ 重曹と塩を加えたたっぷりの湯でシュンギクをゆでる(Ph.1)。シュンギクの繊維がほぐれたら(Ph.2)、取り出して氷水にさらし、色止めする。ゆで汁は取りおく。
❷ ①を少量のゆで汁とともにミキサーで撹拌してピュレにする(Ph.3)。

枇杷のコンポート

❶ ビワの皮をむき、種を抜く。
❷ 鍋にグラニュー糖と水を入れて沸かし、冷ましておく。
❸ カルダモンシードをきざむ(Ph.4)。
❹ ①、②、③、レモン果汁を専用の袋に入れて(Ph.5)、真空にかける。1日冷蔵庫におく(Ph.6)。

[ポイント]

重曹を入れるとシュンギクの繊維が短時間でほぐれやすくなる。

鱒／鱒子

ブール・バチュ・フュメ

「スモークサーモンを藁で燻してみたかった」という目黒氏。サーモンを直に燻すよりも状態をコントロールしやすいことから、逆転の発想で「藁で燻したバター」をソースにしてサーモンのマリネに合わせた。醤油だしに漬けたマスの卵や四方竹を器に盛り、清々しい藁の香りをまとったソースとシブレットオイルを流して提供。（料理のレシピ→193頁）

［材料］

バター（無塩）…200g
稲わら 適量
クールブイヨン（→211頁）…300cc
生クリーム…100cc
レモン果汁
コショウ
塩…各適量

［つくり方］

❶ バターを厚さ1cm程度に切って網にのせ、冷凍庫で冷やしておく(Ph.1)。
❷ 一斗缶に稲わらを詰め、熾した炭を入れ、さらに稲わらをかぶせる(Ph.2,3)。
❸ 煙が立ってきたら①のバターをのせた網を渡し(Ph.4)、バットなどで蓋をする(Ph.5)。そのまま30秒間ほど燻し、取り出す(Ph.6)。
❹ ③のバター、クールブイヨン、生クリームをすべて合わせて鍋に入れ、火にかける(Ph.7)。
❺ バターが溶けてふつふつと泡が出てきたら塩とコショウで味をととのえる。
❻ ⑤をハンドミキサーで攪拌し、レモン果汁を搾って仕上げる(Ph.8)。

［ポイント］

燻す前にバターを十分に冷やして締めておく。

マナガツオ／ポワロー／金柑
白ポルトのソース

焼いたマナガツオと、白ポルトにバターを加えコショウで香りづけしたシンプルなソースの組合せ。魚の料理には魚のフュメのソースというのが従来のメソッドだが、「それは旨み、香りが弱い魚の場合」と金山氏。今回のマナガツオは旨み、香りともにしっかりしていたため、旨みを省き、香りを重視したソースでバランスをとった。（料理のレシピ→194頁）

[材料]

白ポルト…34cc
白粒コショウ…3g
バター…8g
オリーブオイル
塩…各適量

[つくり方]

❶ 材料を用意する(Ph.1)。鍋に白ポルトを注ぎ、火にかける(Ph.2)。
❷ 白粒コショウを挽きかけ(Ph.3)、1/4量まで煮詰める。
❸ ②にバターを加え(Ph.4)、軽く混ぜる。塩で味をととのえる。
❹ 提供直前にオリーブオイルを加える(Ph.5)。分離したままの状態で使用する(Ph.6)。

[ポイント]

バターを加えたら混ぜすぎず、軽くつなぐ程度とする。

マナガツオ／じゃが芋／コンテチーズ
サフラン風味のマナガツオのジュ

マナガツオのアラを煮出したフュメでマッシュルーム、ヴァン・ジョーヌ、サフランなどを煮出した香り豊かなソースを、マナガツオのポワレに合わせた。フランス料理らしいボリューム感があるソースだが、ハンドミキサーで空気を含ませながら撹拌したため口当たりは軽やか。付合せのコンテチーズの旨みと塩気がアクセントになる。（料理のレシピ→194頁）

［材料］

マナガツオのフュメ
　マナガツオのアラ…1尾分
　昆布水*…300cc
トマトウォーター*…140cc
ヴァン・ジョーヌ…80cc
エシャロット…40g
マッシュルーム…35g
サフラン…0.1g
オリーブオイル…100cc
塩…適量

＊昆布水
昆布を水に浸けて一晩おいたもの
＊トマトウォーター
トマトをミキサーにかけ、圧をかけずに一晩かけて紙漉ししたもの

［つくり方］

❶ マナガツオのフュメを作る。マナガツオのアラを霜降りして流水で洗う。
❷ ①を昆布水で10分ほど煮出し(Ph.1)、紙漉しする。
❸ ②を鍋にとり、トマトウォーター、ヴァン・ジョーヌを加えて火にかける(Ph.2)。薄切りにしたエシャロットとマッシュルーム、サフランを加え(Ph.3)、1/2量程度になるまで煮詰める(Ph.4)。漉す。
❹ ③を鍋にとり、濃度がつくまでさらに煮詰める(Ph.5)。塩で味をととのえ、オリーブオイルを加え、ハンドミキサーで撹拌する(Ph.6)。

［ポイント］

ヴァン・ジョーヌをたっぷり使って香り豊かに仕上げる。

穴子／根セロリ
カカオ風味の赤ワインソース

アナゴと赤ワインソースの組合せは、フランスの伝統的なウナギの赤ワイン煮込み「マトロート」が発想の源。「アナゴには焼けた香ばしさがほしい」との考えから、魚とソースを別々に仕立てて皿の上で合わせた。ソースの仕上げにチョコレートを加えるのは、焼いたアナゴのほろ苦さとカカオの苦みをつないで一体化させるためだ。（料理のレシピ→194頁）

[材料]

赤ワイン…150cc
シェリーヴィネガー…50cc
ブイヨン・ド・プーレ（→210頁）…90cc
ジュ・ド・プーレ（→210頁）…60cc
クールブイヨン（→211頁）…20cc
バター…30g
クーベルチュール（カカオ分70％）…39g
塩
コショウ…各適量

[つくり方]

❶ 赤ワインとシェリーヴィネガーを鍋に入れ、火にかける(Ph.1)。ツヤが出るまで煮詰める(Ph.2)。
❷ ①にブイヨン・ド・プーレ、ジュ・ド・プーレ、クールブイヨン、バターを加える(Ph.3)。混ぜながら軽く煮詰める(Ph.4)。
❸ ②にクーベルチュールを加え、煮溶かす(Ph.5、6)。塩とコショウで味をととのえ、漉す(Ph.7、8)。

秋冬らしい濃厚な見た目のソース。間に挟んだ根セロリのソテーともよくからむ。

[ポイント]

しっかりと煮詰め、最後に漉すことで濃厚かつなめらかな仕上がりとする。

鰻／トリュフ

発酵させた菊芋とトリュフのソース

荒井氏は「オランダで食べて印象に残った」という発酵キクイモを自作し、ソースに活用。塩をして真空にかけ、2週間かけて発酵させたキクイモを鶏のだしで軽く煮て、トリュフの香りをプラス。このソースをキクイモのフランの上に流し、燻製ウナギのポワレをのせた。キクイモの発酵臭と酸味で、ウナギがさっぱりした印象に。（料理のレシピ→195頁）

［材料］

発酵菊芋
　キクイモ…3個
　塩…キクイモの重量の3%量
鶏のだし（→206頁）…150cc
水溶き葛粉
トリュフ
塩…各適量

［つくり方］

❶ 発酵菊芋を作る。キクイモに塩をふり、専用の袋に入れて真空にかける。2週間ほど常温に置いて発酵させる(Ph.1)。
❷ ①の発酵菊芋の皮をむき、小角切りにする(Ph.2, 3)。
❸ 鍋に鶏のだしを入れて1/2量になるまで煮詰め(Ph.4)、水溶き葛粉でとろみをつける(Ph.5)。
❹ ③に②を加えて温め(Ph.6)、トリュフのみじん切りを加える(Ph.7)。塩で味をととのえて仕上げる(Ph.8)。

［ポイント］

トリュフは香りがとばないように仕上げ直前に加える。

鰹／オレンジパウダー

焼き茄子のアイスパウダー、エスプレッソオイル

戻りガツオと秋ナスの組合せ。皮目を焼いたカツオを温かな状態で皿に盛り、エスプレッソオイルをたらし、秋ナスのピュレを液体窒素で凍らせて砕いたアイスパウダーをふりかける。パウダーでカツオを冷やして「たたき」感を出す狙いだ。エスプレッソオイルはナスとエスプレッソを使う苦みのきいたイタリアのデザートからの発想という。(料理のレシピ→195頁)

[材料]

焼き茄子のアイスパウダー

ナス…300g
ニンニク…1片
アンチョビ…10g
ブイヨン・ド・プーレ(→210頁)…200cc
クールブイヨン(→211頁)…50cc
生クリーム…50cc
シェリーヴィネガー…30cc
塩、コショウ…各適量

エスプレッソオイル

エスプレッソ…50cc
コーヒーオイル…30cc
とろみ調整食品(つるりんこ)…1g

[つくり方]

焼き茄子のアイスパウダー

❶ ナスを焦げるまで直火焼きして皮をむく。
❷ ニンニクの皮をむき、牛乳で煮こぼす。
❸ ①、②、アンチョビをミキサーに入れ(Ph.1)、ブイヨン・ド・プーレ、クールブイヨンを注いで撹拌する。シノワで漉す(Ph.2)
❹ ③に生クリームとシェリーヴィネガーを加え混ぜる(Ph.3)。塩とコショウで味をととのえる。
❺ ④をサイフォンに詰め、ガスを充填する。氷水に浸けて冷やしておく。
❻ 耐熱性の容器に液体窒素を注ぎ、⑤を絞り入れる(Ph.4)。一瞬で凍るので、泡立て器で粗く砕く(Ph.5、6)。フードプロセッサーにかけてパウダー状にする(Ph.7)。

エスプレッソオイル

❶ エスプレッソを淹れる。
❷ ①にコーヒーオイルを注ぎ(Ph.8)、とろみ調整食品を加え混ぜる。

[ポイント]

焼き茄子のアイスパウダーは液体窒素で冷やし固めてから粉砕することで、軽くなめらかに仕上がる。

鯖／グラニースミス

鯖とホエーのソース

乳清の酸味、ドライエージングビーフの脂肪で作ったヘットの甘みとコク、そしてサバの中骨の旨みをバランスよく合わせて、穏やかな味わいのソースに仕立てた。サバの中骨は煮出す際に効率的に味が抽出できるよう、事前に一夜干しに。しっかり目に焼いたサバにこのソースを合わせ、さわやかなグラニースミス種のリンゴを添えた。（料理のレシピ→195頁）

[材料]

サバの中骨*…1尾分
生クリーム…100cc
ホエー（乳清）…100cc
熟成牛の脂*…30g
塩…適量

＊サバの中骨
サバを三枚におろした後に残る中骨を使用
＊熟成牛の脂
ドライエージングを施した黒毛和牛の脂から抽出した自家製のヘット

[つくり方]

❶ サバの中骨を風のあたる場所に一晩吊るして干す(Ph.1)。適宜の大きさに切り、直火で炙る(Ph.2)。
❷ 鍋に生クリームを沸かし(Ph.3)、ホエーと熟成牛の脂(Ph.4)を加える(Ph.5)。
❸ ②に①を入れて風味が移るまで煮出す(Ph.6)。漉して塩で味をととのえる。

[ポイント]

サバの中骨を炙って、その香ばしさをソースに溶かし込む。

金目鯛

グリーンピース、えのき茸、桜海老のソース

キンメダイはジューシーな反面、「皿盛り後に流出した水分でソースが薄まるのが気になる」と目黒氏。そこで、素揚げしたサクラエビ、グリーンピース、野生種のエノキをクールブイヨンで煮て、しっとりとした「付合せのようなソース」を考案。皿の上でこのソースがキンメダイの水分を吸って、さらに風味豊かに仕上がるという寸法だ。(料理のレシピ→196頁)

[材料]

サクラエビ(冷凍)…50g
薄力粉…適量
エノキダケ(天然種)…50g
ヴァン・ジョーヌ…30cc
クールブイヨン(→211頁)…30cc
グリーンピース…20g
イタリアンパセリ…2g
レモン果汁
米油
バター
塩…各適量

[つくり方]

❶ サクラエビを粗くきざむ(Ph.1)。
❷ ①をボウルに入れて薄力粉をまぶす(Ph.2)。160℃の米油で揚げる(Ph.3)。油にサクラエビの色が移り、油が細かくなってきたら火から下ろす(Ph.4)。シノワで漉して油をきる。
❸ ②をキッチンペーパーを敷いたバットにあけ、低温のオーブンなどで温めて油をさらに落とす(Ph.5)。
❹ 鍋にバターを熱し、軸を切り落としたエノキダケを炒める。
❺ ④にヴァン・ジョーヌを注ぎ、煮詰まったらクールブイヨンを加える。
❻ ⑤に③、ゆでたグリーンピース、きざんだイタリアンパセリ、レモン果汁を加えてさらに加熱する(Ph.6)。
❼ ⑥の水分がなくなるまで煮詰める(Ph.7, 8)。塩で味をととのえる。

[ポイント]

揚げたサクラエビに水分を含ませることで、濃度のあるペースト状のソースとする。

甘鯛／キノコのパウダー
和栗のピュレ

菓子のモンブランを題材にした秋の魚料理。香ばしく焼いたアマダイの鱗をモンブランの土台に見立て、シイタケのソテーを重ねる。その上に和栗と水だけで仕立てたペーストをたっぷりと絞り、キノコのパウダーをふって完成。「甘いわけでもしょっぱいわけでもない、ピュアな栗のピュレのおいしさを伝える料理」と目黒氏。（料理のレシピ→196頁）

[材料]

栗（和栗）…10〜12個
水…500cc

[つくり方]

❶ 栗の鬼皮と渋皮をむく (Ph.1)。渋皮は取りおく。
❷ ①の栗を専用の袋に入れて真空にかける。95℃・湿度100％のスチコンで2時間加熱する (Ph.2)。
❸ ①の渋皮をフライパンに入れて、香ばしく色づくまで、200℃のオーブンで15〜30分間加熱する (Ph.3)。
❹ 鍋に水を注ぎ、③を入れて加熱する (Ph.4)。沸いたら5分間煮出し、漉す (Ph.5)。
❺ ②と④をミキサーで撹拌する (Ph.6, 7)。裏漉しする (Ph.8)。
❻ ⑥モンブラン用の口金を付けた絞り袋に詰めておく。

栗のピュレは柔らかくしすぎないのがコツ。製菓用のモンブラン口金で絞る。

[ポイント]

栗は、粘り気が多くピュレに仕立てるのにむく和栗を使う。

甘鯛
白子のスープ、黄蕪のピュレ

昆布だしでタラの白子をゆでて少量の白醤油で味つけし、ミキサーにかけた「白子のすり流し」(荒井氏)をソースとして、アマダイの鱗焼きを味わう一品。器の底にはカツオだしで炊いた黄カブのピュレを敷くなど、味わいとしては全体を和のイメージでまとめつつ、それを感じさせない洋風な盛りつけで意外性を演出した。(料理のレシピ→196頁)

[材料]

白子のスープ

タラの白子…250g
昆布水*…300cc
白醤油
ショウガ
塩…各適量

*昆布水
水に昆布を浸して一晩置き、
漉したもの

黄蕪のピュレ

黄カブ
カツオ節…各適量

[つくり方]

白子のスープ

❶ 塩湯(分量外)を沸かし、タラの白子を霜降りする(Ph.1)。氷水に取って急冷し、表面のぬめりを取る(Ph.2)。
❷ 昆布水を鍋に入れて火にかける。沸騰する前に①を入れて、湯温を保ちながらアクを取りつつ2分間ほどゆでる(Ph.3)。塩と白醤油で味をととのえる。
❸ ②をフードプロセッサーで撹拌し、再び鍋に入れて温める。ショウガの搾り汁をたらす(Ph.4)。ハンドミキサーで泡立てる。

黄蕪のピュレ

❶ 黄カブの皮をむき、くし切りにする。皮は取りおく。
❷ ①の皮と水(分量外)を鍋に入れ、沸かす(Ph.5)。
❸ ②にカツオ節を加え(Ph.6)、弱火にしてカツオ節が沈むのを待つ。漉す。
❹ ③を鍋にとり、①の黄カブを入れて柔らかくなるまで煮る(Ph.7)。
❺ ④の黄カブを取り出し、フォークの背などでつぶしてピュレにする(Ph.8)。

[ポイント]

白子は火が入りすぎないよう、90℃前後の湯でゆでて表面のみを固める。

スジアラ／干し椎茸／帆立

干し椎茸と焦がしバターのソース

干しシイタケをもどし汁ごと煮詰めてとった旨みが凝縮したエッセンスを、ゼラチン質豊富なスジアラに合わせた。ソースは仕上げ直前にローズマリーを加え、熱々のブール・ノワゼットを投入。さらにレモン果汁も加えて、立ち上る香りを満喫できる仕立てとした。ホウレンソウで巻いたシイタケのデュクセルや乾燥ホタテチップスを付合せに。(料理のレシピ→197頁)

[材料]

干し椎茸…30個
水…8〜10ℓ
フォン・ド・ヴォー(→210頁)
…100cc
バター…150g
レモン果汁…20cc
ローズマリー…2枝
バター(仕上げ用)
塩…各適量

[つくり方]

❶ 干し椎茸を一晩水に浸けてもどす(Ph.1)。
❷ ①をもどし汁ごと鍋に移し、火にかける(Ph.2)。蓋をせずに2時間ほど加熱し、1/4量程度になるまで煮詰める。フォン・ド・ヴォーを入れてさらに煮詰める(Ph.3)。
❸ フライパンでバターを熱し、ブール・ノワゼットを作る(Ph.4)。
❹ ②に③を一気に注ぐ(Ph.5)。レモン果汁とローズマリーを加え、さらに煮詰める(Ph.6)。充分に濃度がついたら漉す。
❺ ④を小鍋に移し、火にかける(Ph.7)。塩で味をととのえ、仕上げ用のバターを加えて軽くつなぐ(Ph.8)。

[ポイント]

シイタケのもどし汁は赤みを帯びた濃茶色になるまで煮詰め、風味を凝縮させる。

アカハタ／大豆／アサリ
乾物のソース

高田氏が今、活用法を模索している「乾物」がテーマの一品。干し大豆、イリコ、干し椎茸といった日本の伝統的な乾物を鶏肉とともに圧力鍋で煮て濃度のあるペーストに。さまざまな旨みの要素と大豆のほっこりした甘みがどこか懐かしいこのソースを、昆布だしでポシェしたアカハタにたっぷりとかけて、アサリと煮大豆を散らした。（料理のレシピ→197頁）

[材料]

大豆（乾燥）…200g
イリコ…30g
鶏の胸肉…50g
干し椎茸のもどし汁…300cc
水…200cc
塩…適量

[つくり方]

❶ 材料(Ph.1)の下処理をする。大豆は一晩水に浸けてもどす。イリコは頭と腹を取り、干し椎茸は水につけてもどし、もどし汁のみを使用。鶏の胸肉は適宜の大きさに切る(Ph.2)。
❷ ①のすべてと水を圧力鍋に入れ(Ph.3)、蓋をして火にかける。25分ほど煮る(Ph.4)。
❸ ②の鍋の圧が抜けたら蓋をはずし、材料が形が崩れるほどに煮えていることを確認する(Ph.5)。
❹ ③をミキサーで攪拌し(Ph.6)、シノワで鍋に漉し入れる(Ph.7)。再度温め、塩で味をととのえる(Ph.8)。

[ポイント]

乾燥大豆のもどし汁を煮汁に加えてもよい。

ヒラメ

フキノトウとロックフォールのペースト

「フキノトウの食べ方を模索した結果、ペーストに行き着いた」(目黒氏)という一品。フキノトウと行者ニンニクを細かくきざんでじっくりと炒めてから、ブルーチーズとコニャックと合わせて苦みとコクがあとを引く仕立てに。皮を引いて香ばしく焼いたヒラメとこのソースのみを盛りつけて、狙いをストレートに表現する一皿に仕上げた。(料理のレシピ→197頁)

[材料]

ロックフォール…150g
コニャック…90cc
ハチミツ…40g
フキノトウ…200g
行者ニンニク…100g
レモン果汁
クールブイヨン(→211頁)
オリーブオイル
塩
コショウ…各適量

[つくり方]

❶ ロックフォール、コニャック、ハチミツを合わせ(Ph.1)、ハンドミキサーで混ぜる(Ph.2)。
❷ フキノトウを細かくきざむ(Ph.3, 4)。行者ニンニクも同様にきざむ。
❸ テフロン加工のフライパンにオリーブオイルを熱し、②のフキノトウを炒める(Ph.5)。色がついてきたら行者ニンニクを加え、塩で味をととのえる。
❹ ③のフライパンを火から下ろし、①を注ぐ(Ph.6)。再び火にかけ、弱火で炊く(Ph.7)。
❺ ④の水分がなくなり油が分離してきたらレモン果汁とクールブイヨンを加え、コショウをふって仕上げる(Ph.8)。

[ポイント]

フキノトウはしっかり油で炒め、エグみを抜き旨みを引き出す。

白子／サツマイモ／米
自家製発酵バター

さまざまな発酵食品の自作に取り組む生井氏。ここではヨーグルトと生クリームを合わせて発酵させたオリジナルの発酵バターをソースに活用した。表面をさっと焼いたタラの白子を甘いサツマイモのリゾットに入れてなじませてから器に盛り、この「自然な酸味と香りが生まれる」（生井氏）発酵バターのソースをかけて提供する。（料理のレシピ→198頁）

［材料］

発酵バター
　ヨーグルト…500g
　生クリーム
　（乳脂肪分47％）…2ℓ
牛乳…150cc

［つくり方］

❶ ヨーグルトと生クリームを混ぜ合わせる(Ph.1上)。常温で1週間おいて発酵させ、写真下のように固めのクリーム状にする(Ph.1下)。
❷ ①の発酵バターの表面にカビが生えた場合はきれいに取り除く。
❸ 150gの②と牛乳を鍋に入れ(Ph.2,3)、ヘラで混ぜながら沸騰手前まで温める(Ph.4)。
❹ ③をハンドミキサーで撹拌し、泡立てる(Ph.5, 6)。

［ポイント］

自家製発酵バターを保存する際は、真空にかけて冷凍庫で保管する。

白子
白子のフィルム

繊細な味わいのタラの白子を存分に味わうには、「白子自身をソースにするのがいい」と高田氏。日本酒とアサリのだしで白子を煮てからペーストにし、ゼラチンで平たく固めた。ポシェした白子にこのプルプルしたフィルム状のソースををかぶせることで生まれる、主素材とソースの味の一体感と食感の対比が本品の大きな魅力だ。（料理のレシピ→198頁）

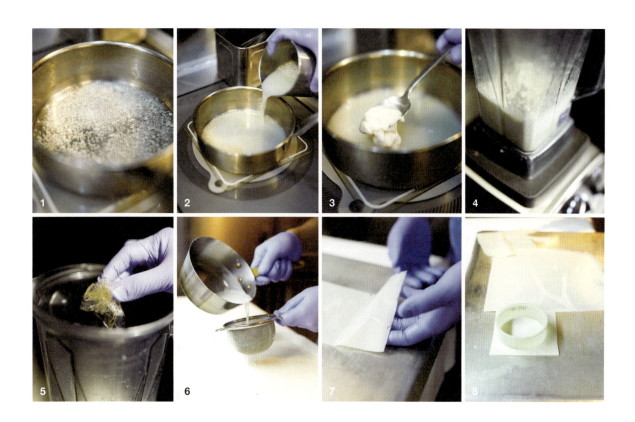

[材料]

エシャロット…30g
日本酒…50cc
アサリのジュ*…250cc
タラの白子…50g
板ゼラチン…2枚
塩…適量

*アサリのジュ
少量の水と酒でアサリを蒸し、漉したもの

[つくり方]

❶ きざんだエシャロットと日本酒、塩を鍋に入れて沸かす(Ph.1)。
❷ ①にアサリのジュを注ぎ、軽く煮詰める(Ph.2)。タラの白子を加える(Ph.3)。
❸ ②をミキサーで撹拌する(Ph.4)。途中、水（分量外）でもどした板ゼラチンを加え(Ph.5)、さらに撹拌する。
❹ ③を漉し、バットに厚さ2mmほどになるように流す(Ph.6)。冷蔵庫で冷やし固める。
❺ ④がフィルム状に固まったらバットからはがし(Ph.7)、直径10cmのセルクルで切り抜く(Ph.8)。

[ポイント]

白子のフィルムは破れやすいので、食感の邪魔にならない程度に厚みを持たせる。

色も質感も白子本体とそっくりのフィルム。口に入れて初めて食感の違いに気づく。

アヴルーガ／百合根

レモン風味のサバイヨン

ニシンの燻製を魚卵形に成形した加工食品「アヴルーガ」。キャヴィアの代用品として知られるこの食材を、金山氏は主役に位置づけた。アヴルーガの塩気と燻香を引き立てるため、ソースはボリューム感があり、しかし味わいは穏やかなサバイヨンに。シトロン・コンフィの酸味と甘みによって、魚卵独特のクセをマスキングしている。（料理のレシピ→198頁）

［材料］

パート・ド・シトロン
　レモン…1個
　グラニュー糖…40g
　水…400cc
卵黄…1個分
水…25cc
ブール・ノワゼット…50cc
レモン果汁…少量

［つくり方］

❶ パート・ド・シトロン(Ph.1)を作る。レモンの皮を厚めにむき、果実を輪切りにする。皮は白いワタを切り取ってから3回ゆでこぼす。
❷ ①のレモンの果実と皮、グラニュー糖、水を鍋に入れて沸かす。弱火にして柔らかくなるまで火を入れる(水分が足りなければ水を足す)。ミキサーにかける。
❸ ボウルに卵黄を溶き、パート・ド・シトロン9gと水を入れてすり混ぜる(Ph.2)。湯煎にかけ、もったりするまで混ぜる(Ph.3, 4)。
❹ ③にブール・ノワゼットを少量ずつ加えながら混ぜる(Ph.5)。レモン果汁を搾り(Ph.6)、さらに混ぜる。
❺ ④をサイフォンにセットし、ガスを充填する。提供直前にサイフォンから絞る(Ph.7, 8)。

［ポイント］

アヴルーガの塩気が強いので、サバイヨンには塩は使わない。

第四章

肉の料理と
ソース

伝統的なソースを再解釈するか、
新たなアプローチで挑むか。
いずれにせよ、肉の存在感に劣らない
凝縮感、そして研ぎ澄まされた味わいが
現代のソースにも求められる。

鶏／毛蟹／キャヴィア

レフォールのソース

ポン酢でマリネした鶏のササミをショー・フロワ仕立てに。ソースはレフォールを生クリームに溶いたもので、ヴェルモットで香りづけした。これを一旦真空にかけて冷凍するのがポイントで、「レフォールの辛みやフレッシュな香りが生クリームにしっかりと移ります」と荒井氏。仕上げに毛ガニやキャヴィア、ハーブを彩りよくのせて。（料理のレシピ→200頁）

[材料]

レフォール（冷凍）…30g
ヴェルモット…60cc
エシャロット…10g
生クリーム…125cc
板ゼラチン…1枚
サワークリーム…125cc
ヨーグルト…60g
レモン果汁
塩…各適量

[つくり方]

❶ レフォールをすりおろす(Ph.1)。
❷ 鍋にヴェルモットときざんだエシャロットを入れて火にかけ、水分がなくなるまで煮詰める(Ph.2)。
❸ ②に生クリームを加えて沸かし(Ph.3)、軽く煮詰める(Ph.4)。
❹ ③をボウルに漉し入れ、水でもどした板ゼラチンを加えて溶かす。氷をあてて粗熱を取る(Ph.5)。
❺ ④にサワークリーム、ヨーグルト、①を加え混ぜる(Ph.6)。塩とレモン果汁で味をととのえ、漉す(Ph.7)。
❻ ⑤を専用の袋に入れて真空にかけ、一晩冷凍する。
❼ ⑥を解凍して鶏のササミのマリネ(→200頁)にたっぷりとぬり(Ph.8)、冷蔵庫で冷やしておく。

ソースは鶏を冷やした後にひび割れしないよう、極力なめらかに仕上げておく。

[ポイント]

ソースを真空にかけて冷凍することでレフォールの香りを移す。

鶏／人参
川俣シャモと人参のソース、セップの泡

鶏の腿肉のミンチを胸肉で巻いてバロティーヌに。たっぷりのニンジンを鶏のだしで煮詰めて甘みを凝縮させたソースを流す。少量のフォン・ド・ヴォーで濃厚なコクを加えるのがポイントで、「フランス料理ならではの圧倒的なおいしさが生まれる」と生井氏。バロティーヌにはセップの泡をのせて軽やかさを出した。（料理のレシピ→200頁）

［材料］

川俣シャモと人参のソース
フォン・ド・ヴォライユ（→ 209頁）
…360cc
ニンジン…3本
フォン・ド・ヴォー（→210頁）…120cc
ラード*…50g
コショウ…適量

＊ラード
エシャロットの香りをつけた自家製のラード

セップの泡
セップ（乾燥）
フォン・ド・ヴォライユ…各適量

［つくり方］

川俣シャモと人参のソース
❶ 鍋にフォン・ド・ヴォライユ（Ph.1, 2）を注ぎ、薄切りにしたニンジンを入れる（Ph.3）。
❷ ①にコショウをふり、ニンジンがくたくたになるまで煮る（Ph.4）。
❸ ②にフォン・ド・ヴォーを加え、全体をなじませる（Ph.5）。シノワで漉す。
❹ ③にラードを加え（Ph.6）、軽く混ぜる（Ph.7）。

セップの泡
❶ フォン・ド・ヴォライユにセップを入れて火にかけ、沸かす。
❷ ①を漉してハンドミキサーで泡立てる（Ph.8）。

バロティーヌの厚さは約1.5cm。存在感の強いソースに合わせて食べごたえを出す。

［ポイント］

ラードを加えたら、完全につながる手前で混ぜるのをやめる。

鶏／キヌア

ブロッコリーのピュレとブロッコリーのキヌア

鶏の胸肉のローストと、ブロッコリーを題材にした2種のソースの組合せ。旨みが強く適度な弾力のある村越シャモロックの味を穏やかに引き立てるべく、1つ目のソースはなめらかかつクセのないピュレに。また、きざんだブロッコリーをキヌアに見立てたソースも添えて、「ピュレとの食感の違いを楽しんでもらいます」（荒井氏）。（料理のレシピ→200頁）

[材料]

ブロッコリーのピュレ
ブロッコリー…1房
サラダ菜…50g
アサリのジュ*…100cc
塩…適量

*アサリのジュ
鍋にアサリと水を入れて火にかけ、アサリの殻が開いたら漉したもの

ブロッコリーのキヌア
ブロッコリー…100g
アサリのジュ…100cc
ニンニクオイル
塩…各適量

[つくり方]

ブロッコリーのピュレ
❶ ブロッコリーを下ゆでする。ゆで汁は取りおく。
❷ サラダ菜を塩ゆでし、ミキサーで撹拌してピュレにする。
❸ アサリのジュを鍋にとり、温めておく（Ph.1）。
❹ ①と③を合わせてフード・プロセッサーで撹拌する（Ph.2）。
❺ ④に①のブロッコリーのゆで汁を加えて濃度を調整し、②のピュレを加えて色味を調整する（Ph.3, 4）。塩で味をととのえる。

ブロッコリーのキヌア
❶ ブロッコリーを根元、茎、花の三部位に切り分け、それぞれ細かくきざむ（Ph.5）。
❷ アサリのジュを鍋にとり、温める。まず①のブロッコリーの根元部分を加え（Ph.6）、次に茎、最後に花を加えて（Ph.7）、ごく短時間加熱する。ニンニクオイルをたらし、塩で味をととのえる（Ph.8）。
❸ ②を漉して水気をきり、冷ましておく。

[ポイント]

ブロッコリーは部位ごとにゆで時間を変え、全体を均一な固さに仕上げる。

鶏／カカオニブ

ブール・ローズ、ジュ・ド・プーレ

鶏の胸肉の皿に別添えしたのは、バターにパセリを混ぜ込む「メートル・ドテル・バター」の要領でバラの花びらを混ぜ込んだ「ブール・ローズ（ローズ・バター）」。胸肉は蒸してから鶏のジュをぬって加熱し、カカオニブで食感と苦みを添えたもの。ここにブール・ローズをのせると鶏の熱でバターが溶け出し、バラの芳香が立ち上る。（料理のレシピ→201頁）

[材料]

ブール・ローズ
バラの花（食用）
バター…各適量

ジュ・ド・プーレ
鶏のブイヨン（→208頁）
塩…各適量

[つくり方]

ブール・ローズ
❶ バラの花（Ph.1）を花びらにばらして掃除し、冷凍しておく（Ph.2）。
❷ ①とバターを合わせてフードプロセッサーで撹拌する（Ph.3）。
❸ ②をボウルに移し、泡立て器で混ぜて全体に均一に花びらの色を行き渡らせる（Ph.4）。
❹ ティアードロップ形のシリコン型に③を流し、冷蔵する（Ph.5）。
❺ ④が固まったら型から外し、しばらく常温におく（Ph.6）。

ジュ・ド・プーレ
❶ 鶏のブイヨンを鍋にとり、1/10量程度になるまで煮詰める（Ph.7）。塩で味をととのえる。
❷ ①を蒸した鶏の胸肉（→200頁）にぬっては乾かす工程を3回ほどくり返す（Ph.8）。

[ポイント]

バラの花は冷凍しておくとバターと混ざりやすい。

鶉／モリーユ茸／グリーンアスパラガス
鶉のジュ

ウズラのローストに、そのジュという王道の組合せ。ポイントはウズラのガラを炒めた油をすべて捨てて、雑味のない状態に仕上げること。金山氏がパリの三ツ星店で働いていた時の仕事を再現したもので、よりカジュアルな味わいにするなら油をそのまま使うことも可能。ジュにはモリーユとヴァン・ジョーヌで風味をつけた。（料理のレシピ→201頁）

[材料]

ウズラのガラ…2羽分
バター…55g
モリーユの端材…40g
エシャロット…20g
ニンニク…1/2個
ヴァン・ジョーヌ…80g
ブイヨン・ド・レギューム
（→207頁）…450cc
オリーブオイル
塩…各適量

[つくり方]

❶ オリーブオイルを敷いた鍋でウズラのガラを炒める(Ph.1)。バターを加え、モリーユの端材、きざんだエシャロットとニンニクを入れてさらに炒める(Ph.2)。ザルにあけて油をきる(Ph.3)。
❷ ①を鍋に戻して火にかけ、ヴァン・ジョーヌを加えてアルコール分をとばす(Ph.4)。
❸ ②にブイヨン・ド・レギュームを加えて3/4量まで煮詰める(Ph.5)。漉す(Ph.6)。
❹ ③をさらに煮詰めて、香りつけに少量のヴァン・ジョーヌ（分量外）を足す(Ph.7)。塩で味をととのえて仕上げる(Ph.8)。

[ポイント]

ウズラのガラを炒めた油は捨てて、澄んだ味わいのジュに仕上げる。

鳩／腿肉のクロメスキ
中華粥と鳩のアバのソース

中国料理の要素を取り入れた品も得意とする荒井氏。干し貝柱入りの「中国粥」を濃度のあるソースに見立て、鳩のローストに合わせた。加えて、なめらかなテクスチャーと濃厚な味わいが同居する鳩の内臓のソースも添えて、性質の異なる2種のソースが混ざり合って生まれる味わいの変化を楽しめる仕立てに。（料理のレシピ→201頁）

[材料]

中華粥
干し貝柱…20g
干し貝柱のもどし汁…100cc
生米…75g
ゆで卵の黄身…1/2個分
水…3ℓ
塩…適量

鳩のアバのソース
エシャロット…50g
マデラ…30cc
赤ポルト…50cc
ジュ・ド・ピジョン（→207頁）…200cc
鳩の心臓と肝臓…各6個
生クリーム…100cc
塩…適量

[つくり方]

中華粥
❶ 干し貝柱を水（分量外）に一晩浸けてもどしておく。
❷ 鍋に生米を入れ、ゆで卵の黄身をザルで裏漉して加える(Ph.1)。水と干し貝柱のもどし汁を注ぎ、弱火で3〜4時間加熱してお粥を炊く。
❸ ②に①の干し貝柱をほぐして加え(Ph.2)、塩で味をととのえて仕上げる(Ph.3)。

鳩のアバのソース
❶ 鍋にみじん切りにしたエシャロットとマデラ、赤ポルトを入れて火にかける(Ph.4)。水分がとぶまで加熱する(Ph.5)。
❷ ①にジュ・ド・ピジョンを注いで沸かし、鳩の心臓と肝臓を加える(Ph.6)。液体が2/3量程度になるまで煮詰め、生クリームを加える(Ph.7)。
❸ ②をフード・プロセッサーで撹拌し、漉す。塩で味をととのえて仕上げる(Ph.8)。

[ポイント]

中華粥はもったりとしたペースト状になるまで時間をかけて炊く。

ペルドロー／ラングスティーヌ／チリメンキャベツ
ジュ・ド・ラングスティーヌのサバイヨン

「山海の素材の組合せに惹かれる」と話す荒井氏。この品ではペルドロー（ヤマウズラ）のソテーとラングスティーヌのポワレをチリメンキャベツで包み、ラングスティーヌ風味のサバイヨンを添えた。甲殻類特有の濃厚な旨みで、持ち味の異なる2つの素材を一つの料理へとまとめ上げる。ピマン・デスプレットの辛みがアクセント。（料理のレシピ→202頁）

［材料］

エシャロット…60g
ヴェルモット…300cc
白ワインヴィネガー…100cc
卵黄…6個分
焦がしバターの上澄み*…100cc
ジュ・ド・ラングスティーヌ（→206頁）…150cc
エスプーマ用フォーム*…10g
レモン果汁
塩
白コショウ…各適量

＊焦がしバターの上澄み
焦がしバターを温め、上に浮いた油脂分のみをすくいとったもの

＊エスプーマ用フォーム
エスプーマの泡立ちをよくするための補助剤

［つくり方］

❶ 鍋にきざんだエシャロット、ヴェルモット、白ワインヴィネガーを入れて軽く煮詰める(Ph.1)。白コショウをふる。漉す。

❷ ボウルに①と卵黄を入れ(Ph.2)、湯煎にかけて泡立て器で混ぜる(Ph.3)。まとまってきたら焦がしバターの上澄みを加えながら(Ph.4)、もったりした状態になるまで混ぜる。

❸ 鍋にジュ・ド・ラングスティーヌを入れて沸かす。エスプーマ用フォームを溶かす(Ph.5)。

❹ ②に③とレモン果汁を加え混ぜる(Ph.6, 7)。塩で味をととのえる。

❺ ④をサイフォンに入れてガスを充填し、提供直前に絞る(Ph.8)。

［ポイント］

焦がしバターの上澄みを使って、色と風味が強くなりすぎるのを防ぐ。

雷鳥／鮑
手芒豆のフリカッセ、鮑の肝のソース

150頁の料理と同様に、山海の取合せを題材にした荒井氏の一品。ライチョウとアワビという意外性のある組合せは、両者に共通する「ほのかな苦み」からの連想だ。ソースは白インゲン豆の煮込みをのピュレと、アワビの肝の裏漉しの2種。白インゲン豆のクリーミーさで苦みを和らげ、アワビの肝の磯の香りで印象深く仕上げた。（料理のレシピ→202頁）

[材料]

手芒豆のフリカッセ
ライチョウの腿肉…50g
ニンニク…1/2片
タイム…2枝
白ワインヴィネガー…30cc
生クリーム…50cc
白インゲン豆のピュレ*…20g
オリーブオイル
塩
白コショウ…各適量
＊白インゲン豆のピュレ
水でもどした白インゲン豆をもどし汁でゆで、フードプロセッサーにかけてから裏漉ししたもの

鮑の肝のソース
アワビの肝…4個分
日本酒…100cc
白醤油…100cc
塩…適量

[つくり方]

手芒豆のフリカッセ

❶ ライチョウの腿肉をきざみ、オリーブオイルを熱したフライパンでニンニク、タイムとともに炒める(Ph.1)。
❷ ①に白ワインヴィネガーを加えて軽く煮込む(Ph.2)。生クリームを加えて2/3量になるまで煮詰める(Ph.3)。
❸ ②に白インゲン豆のピュレを加えて全体をなじませ(Ph.4)、鍋に漉し入れる(Ph.5)。塩と白コショウで味をととのえて仕上げる(Ph.6)。

鮑の肝のソース

❶ アワビの肝にべた塩をして1日おく(Ph.7)。
❷ ①を塩抜きしないままフードプロセッサーにかける。裏漉す。
❸ 鍋に日本酒を入れて沸騰させる。弱火にし、①と白醤油を加え混ぜる(Ph.8)。

[ポイント]

アワビの肝の塩漬けの強い塩気で全体をまとめる。

真鴨／オリーブ／銀杏

真鴨のジュ

真鴨の胸肉に、そのガラでとったジュを合わせた。ガラを炒めた後の油を捨てるのは146頁のウズラのジュと同様。余計な焦げ臭がつかないよう、ニンニクはガラが色づいてから加えるのもポイントだ。今回はシナモンとトンカ豆を加えてほのかに甘い香りをつけた。仕上げに青い辛みのあるオリーブオイルをたらし、風味を引き締める。（料理のレシピ→202頁）

[材料]

真鴨のガラ
（首ヅル、脚など）…1〜2羽分
バター…45g
ニンニク
エシャロット…各適量
白ワイン…100cc
水…500cc
シナモンパウダー
トンカ豆パウダー
グレープシードオイル
塩…各適量

[つくり方]

❶ 鍋にグレープシードオイルを熱し、ぶつ切りにした真鴨のガラを炒める(Ph.1)。
❷ ガラが色づき、鍋底にスュックが付いてきたらバターを加えてデグラッセする(Ph.2)。薄切りにしたニンニクとエシャロットを加え、さらに炒める(Ph.3)。
❸ ガラが充分に炒められたら漉して油をきる(Ph.4)。
❹ ③の中身を鍋に戻して火にかけ、白ワインを注いでデグラッセする(Ph.5)。
❺ 煮詰まったら水を加え、骨の髄の香りが出てくるまで、1時間ほど煮出す(Ph.6)。途中、水が足りなくなれば適宜足す。
❻ 塩で味をととのえ、漉す(Ph.7)。
❼ ⑥を鍋に移して火にかける。シナモンパウダー、トンカ豆パウダーを加える(Ph.8)。

[ポイント]

ガラを炒めた油は捨てて、澄んだ味わいに仕上げる。

フォワグラ／玉ねぎ

ふきのとうのアイス

フキノトウのアイスクリームで熱々のフォワグラを食べる一品。フキノトウの苦みとフォワグラの甘みの対比、そして冷温のコントラストを楽しんでもらうのが狙いだ。そのため、「フキノトウはしっかり苦いものを、フォワグラは新鮮でコクのあるものを選ぶのが大切」と生井氏。コンソメ風味のタマネギのチュイルを添えて提供する。（料理のレシピ→203頁）

［材料］

牛乳…200cc
生クリーム…250cc
フキノトウ…20個
卵黄…5個分
トレハロース…90g

［つくり方］

❶ 鍋に牛乳と生クリームを注ぎ、フキノトウをちぎって加える (Ph.1)。
❷ ①を火にかけ、沸いたら火から下ろす (Ph.2)。ラップ紙で蓋をして密閉し、30分ほどおいてアンフュゼする (Ph.3)。
❸ ボウルに卵黄とトレハロースを入れて、湯煎にかけながら泡立て器で混ぜる (Ph.4)。
❹ ③に②をフキノトウごと加え (Ph.5)、とろみが出るまで混ぜる (Ph.6)。シノワで漉す (Ph.7)。
❺ ④の粗熱がとれたらパコジェットの専用容器に入れて冷凍する。
❻ 提供前に⑤をパコジェットにかけてなめらかなアイスにする (Ph.8)。

［ポイント］

フキノトウは手でランダムにちぎって加えると風味を移しやすい。

兎／人参／アニス

兎のジュ

金山氏は伝統的なパイ包み焼きをコンフィにした兎の肉や内臓で仕立て、兎のジュを合わせた。このジュはフォンや水を加えず、赤ポルトと赤ワインのみで兎のガラを煮出したすっきりした味わいのもの。兎肉の味わいを際立たせるため、キレのよいブール・ノワゼットでつないでいる。「ウサギと言えば」のニンジンのピュレを添えて。（料理のレシピ→203頁）

［材料］

ウサギのガラ
（頭、肋骨、スネ）…1羽分
バター…75g
エシャロット…20g
ニンニク…1/2個
赤ポルト…150cc
赤ワイン…400cc
ブール・ノワゼット…15g
オリーブオイル
塩…各適量

［つくり方］

❶ ウサギのガラをぶつ切りにする (Ph.1)。
❷ オリーブオイルを敷いた鍋で①を炒める (Ph.2)。色づいてきたらバターを加え、ムース状に保ちながら炒める (Ph.3)。
❸ 薄切りにしたエシャロットとニンニクを加え、さらに炒める。ウサギのガラにこんがりとした焦げ目がついたら漉して油を捨てる (Ph.4)。
❹ ③の中身を鍋に入れ、加熱する。赤ポルトを加え、水分がなくなるまで煮詰める (Ph.5)。赤ワインを加え、1/3量になるまでゆっくり煮出す (Ph.6)。塩で味をととのえ、漉す。
❺ ④を鍋にとって温め、ブール・ノワゼットを加えてゆるくつなぐ (Ph.7, 8)。

兎の背肉と肩肉、心臓と肝臓はコンフィに。フォワグラのソテーを加えて詰める。

［ポイント］

赤ワインの酸とブール・ノワゼットでキレよく仕上げる。

仔羊／芽キャベツ／唐墨

唐墨とキャベツのバターソース

北海道産の仔羊のフィレ肉を、カラスミとキャベツのソースで食べる一品。カラスミは昆布水に浸けて柔らかくし、液体ごとミキサーにかけてクリーミーなカラスミだしに。この塩気と旨みにあふれただしでキャベツをクタクタに煮てソースとし、肉にまとわせながら食べてもらう。仕上げにカラスミをのせ、ナスタチウムで辛味を添えた。（料理のレシピ→203頁）

[材料]

カラスミ…1腹
昆布…適量
水…500cc
キャベツ…150g
バター…30g
バター(仕上げ用)…15g
カラスミ(仕上げ用。
すりおろしたもの)…適量

[つくり方]

❶ カラスミ(Ph.1)と昆布を水に入れる。6時間ほど浸けてカラスミを柔らかくしておく(Ph.2)。昆布は取り出し、浸け汁は取りおく。
❷ ①のカラスミの薄皮を取り除き、中身を指でほぐす(Ph.3)。
❸ ②を浸け汁に戻し、フード・プロセッサーで撹拌する。
❹ ③をシノワで漉し、鍋に移す(Ph.4)。
❺ キャベツを芯、葉の中心、葉先の3つに分けて細切りにし、それぞれ塩ゆでしておく。
❻ ⑤のキャベツの芯を④に加え、60℃まで加熱して風味を移す(Ph.5)。
❼ 別鍋にバターを溶かし、⑥のキャベツの葉の中心と葉先をエチュヴェする。
❽ ⑦に⑥を少量ずつ注ぎ、軽く煮立てる(Ph.6)。適度な濃度になったら仕上げ用のバターとカラスミを加え、全体をなじませる(Ph.7、8)。塩で味をととのえる。

器の底にキャベツのソースを敷き、その上に薄く切った仔羊のフィレ肉を並べる。

[ポイント]

シノワで漉した後に残るカラスミもスプーンの背などで押し付け、鍋に落とす。

牛／大根

揚げ野菜の赤ワインソース

ポシェした牛肉の薄切りにフォン・ド・ヴォーを思わせる濃厚なソースをまとわせた「ストロガノフ」風の一品。だが実際はソースのベースとなっているのは油で揚げた乾燥野菜の旨みで、これを赤ワインで煮出し、深い味わいを引き出した。「干し野菜の素揚げを水で煮出せば、基本のだしとしても使えそう」と高田氏は期待を寄せる。（料理のレシピ→204頁）。

[材料]

タマネギ…20g*
ニンジン…15g*
セロリ…5g*
ローリエ…1枚
トマトパウダー…10g
ガーリックパウダー…8g
赤ワイン…300cc
フォン・ブラン・ド・ヴォー
（→208頁）…200cc
デンプン
オリーブオイル
塩…各適量
*野菜はすべて乾燥させた後の重量

[つくり方]

❶ タマネギ、ニンジン、セロリをそれぞれ65℃のディハイドレーターに24時間入れて乾燥させる（Ph.1）。
❷ サラダ油（分量外）を160℃に熱し、①をそれぞれ揚げる（Ph.2）。網にのせて油をきっておく。
❸ 鍋にオリーブオイルを熱し、ローリエ、トマトパウダー、ガーリックパウダーを炒める（Ph.3）。
❹ ③に赤ワインを入れて沸かす（Ph.4）。②の揚げ野菜を入れて、液体が2/3量程度になるまで煮詰める（Ph.5）。
❺ ④にフォン・ブラン・ド・ヴォーを加え（Ph.6）、半量程度になるまで煮詰める（Ph.7）。漉す。
❻ ⑤をデンプンでつなぎ、塩で味をととのえる（Ph.8）。

牛肉をポシェしたら、ソースの中で軽くあたためてなじませてから盛りつける。

[ポイント]

干した野菜は香りがしっかりと立つまで揚げてコクと風味を出す。

蝦夷鹿／椎の実／松の実

ジロールと鮪の塩漬けのピュレ

「多皿コースでは、『付合せ』や『コンディマン』に近い汎用性のあるソースがあると便利」という高田氏。蝦夷鹿のローストに合わせたジロールのデュクセルも、そんな考えが表れた「ソース」だ。デュクセルはだしを加えたりせず、マグロの塩漬けで旨みと塩気を補強。クネル形にとって肉に添え、薬味のようにつけて食べてもらう。（料理のレシピ→204頁）

[材料]

ラード*…25g
ジロール（国産。冷凍）…150g
マグロの塩漬け*…適量

*ラード
鹿児島・奄美大島で生産されている在来品種「島豚」のラードを使用

*マグロの塩漬け
イタリア・サルデーニャ産の、マグロの赤身の塩漬けを使用

[つくり方]

❶ 鍋にラードとジロールを入れて火にかける(Ph.1)。ジロールが柔らかくなるまで弱火で蒸し煮にする(Ph.2)。
❷ ①をミキサーにかけてデュクセル状にする(Ph.3)。
❸ マグロの塩漬けをすりおろす(Ph.4)。
❹ ボウルに常温の②と③を入れて混ぜ合わせる(Ph.5, 6)。

[ポイント]

急速冷凍された国産のジロールを使い、香りを際立たせる。

鹿／腿肉のソシソン／黒ゴボウ

鹿とゴボウのジュ

フォンやブイヨンをいっさい使わず、赤ワインで骨や香味野菜を煮出して素材の風味を全面に押し出した蝦夷鹿のジュ。煮出す際に加えるたっぷりの揚げゴボウが旨みと甘み主体のジュに油脂分やコクを補完し、鹿肉と相性のよい土っぽい香りを添える。ゴボウから出るアクをていねいに取り除くのが澄んだ味わいを出すコツだ。（料理のレシピ→204頁）

[材料]

エゾシカの骨…5kg
ゴボウ…10本
ニンジン…2本
タマネギ…3個
セロリ…3本
タイム…1枝
トマト・コンサントレ…30g
赤ワイン…2.25ℓ
オリーブオイル
塩…各適量

[つくり方]

❶ エゾシカの骨（掃除したもの）を230℃のオーブンで40分焼く（Ph.1）。
❷ 笹がきにしたゴボウを180℃の油（分量外）で揚げる（Ph.2）。キッチンペーパーを敷いたバットにあけて油をきる。
❸ 鍋にオリーブオイルを熱し、適宜に切ったニンジン、タマネギ、セロリを炒める（Ph.3）。タイム、トマト・コンサントレ、①を加えて赤ワインを注ぎ、②のゴボウも加える（Ph.4）。強火で沸かし、アクを取り除く。
❹ 弱火にして約半量になるまで煮詰める（Ph.5）。
❺ ④をシノワで漉す（Ph.6）。使う分のみを小鍋に取り、沸かして再度アクを取る（Ph.7）。塩で味をととのえて仕上げる（Ph.8）。

[ポイント]

骨についたスジや脂肪は掃除して、クリアな味のジュをとる。

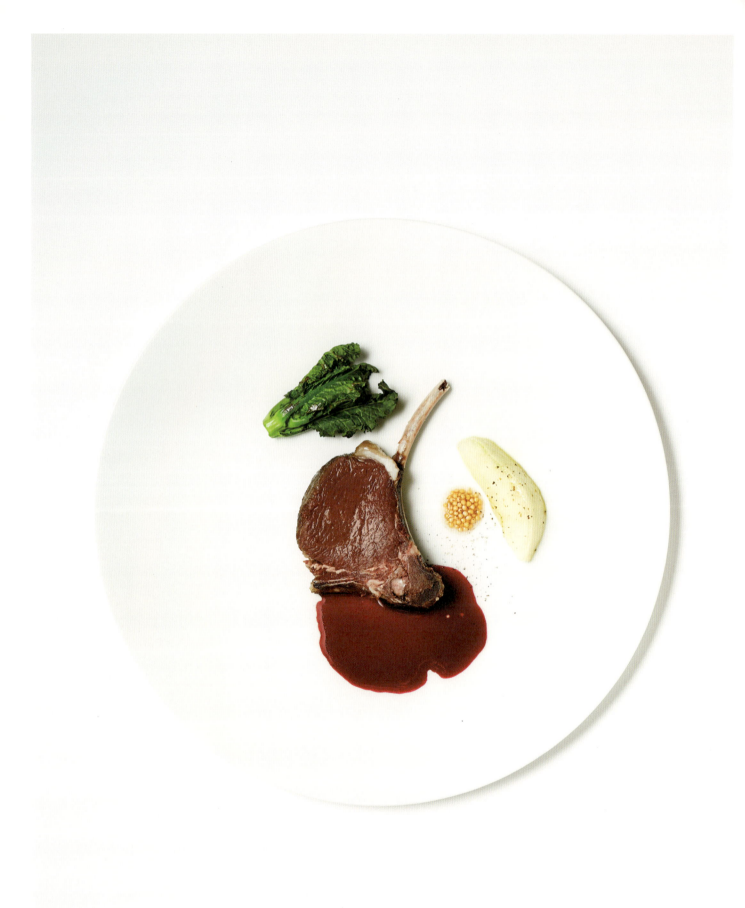

蝦夷鹿／洋梨／アレッタ
ビーツのジュ

「素材の質がよければ、ソースに余計な旨みは必要ない」と話す金山氏。状態のいい蝦夷鹿のローストに、ビーツとヴィネガー、少量のバターのみで仕立てたごくシンプルなソースを合わせた。ビーツはスロージューサーでフレッシュな香りを保ったまま液体に。カリンヴィネガーで香りをつけ、ブール・ノワゼットでキレよくつないだ。（料理のレシピ→204頁）

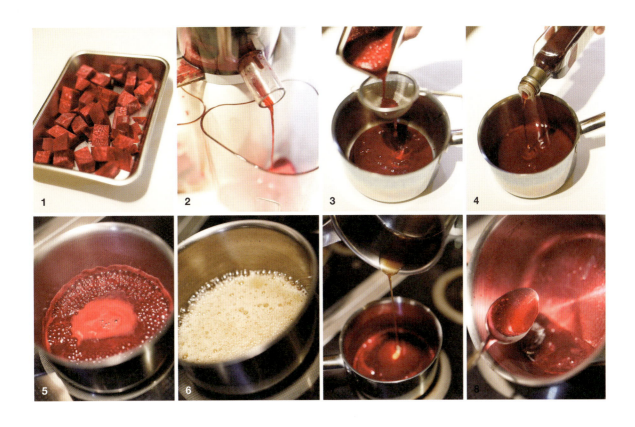

［材料］

ビーツ…2個
カリンヴィネガー…18cc
バター…15g
塩…適量

［つくり方］

❶ ビーツの皮をむき、2cm角に切る (Ph.1)。
❷ ①をスロージューサーにかけてジュースを取る (Ph.2)。この分量で60cc前後が取れる。
❸ 鍋に②を漉し入れ (Ph.3)、カリンヴィネガーを加える (Ph.4)。沸かしてアクを取り、1/4量になるまで煮詰める (Ph.5)。
❹ ブール・ノワゼットを作る。鍋にバターを熱する。全体に黄金色に色づき、最初大きかった泡が小さくなってきたら火を止める (Ph.6)。
❺ ③を熱しながら④を加え (Ph.7)、塩で味をととのえる。とろみが出る程度にかき混ぜる (Ph.8)。

［ポイント］

ブール・ノワゼットを加えたら、ごく軽くつないで仕上げる。

私のソース論

料理が時代に応じて進化する過程で
ソースの位置づけもまた、変化してきた。
当代の気鋭シェフ5人が語る、
「現代フランス料理のソースの役割」とは?

荒井 昇
Arai Noboru

1974年東京都生まれ。調理師学校卒業後、都内のフランス料理店で修業。1998年フランスに渡り、ローヌ地方やプロヴァンス地方で1年間学ぶ。帰国後、洋菓子店や築地の仲卸に務めながら独立準備を進め、2000年に地元・浅草で独立。2009年現在地に移転してリニューアルオープン。2018年夏、隣接地に姉妹店をオープン予定。

オマージュ
東京都台東区浅草4-10-5
tel: 03-3874-1552
www.hommage-arai.com

Q. あなたにとって、ソースとは？

　料理を構成する三要素である「主素材」「付合せ」「ソース」がすべて合わさって、初めて1品の料理として完成するように心がけています。ですから、たとえソース・ペリグーやソース・サルミのような存在感のあるソースであっても、ソースだけが主役になるものではないと思います。

　ソース独自の役割という点では、一つは香りや色、形状を自由に変えられるため料理の仕立てに変化をつけやすいということ。また、私の場合、ソースでストレートに"旨み"や"凝縮感"を表現することが多いです。煮詰めるところはしっかり煮詰め、酒やバターを使うべきところでは大胆に使う。長年フランス料理を作り続けてきましたので、装いが現代的になってもそこが大きく変わることはありません。

　同様に、ソースの土台となるだしには時間とコストをかけます。だし用の鶏は料理と同じ村越シャモロックの丸鶏を使い、昆布だし用の昆布やアクセントとして用いるカツオ節も品質を吟味します。

　料理を細部まで作り込めば作り込むほど、素材を生かし、ライトな印象を出すためにシンプルなジュを合わせがちですが、ていねいにとっただしで支えるソースだからこそ出る圧倒的なおいしさも、フランス料理の魅力の一つです。そして、ベースのだしがよくなければ「最上級のおいしさ」を作り出すことはできません。お客さまから直接見えないところまで抜かりなく作るという志も含めて、そのこだわりが普段の仕事にも現れるはずだと思います。

Q. つくり方や使い方のポイントは？

　日本料理をはじめ、中国料理やメキシコ料理など多くのジャンルから刺激を受けて、要素を取り入れています。カツオだしと白子のスープでアマダイを食べる一品は日本料理の「すり流し」をヒントにした料理ですし、鳩とアワビに中華粥のソースを合わせた品も、香港で食べた濃度のある貝柱のお粥がアワビの肝の磯の香りに合うと思い取り入れたものです。ただ、そうした異ジャンルの技法はあくまでもフランス料理としておいしくさせるための手段。前述の白子のスープの場合はしっかりと乳化させることで、中華粥の場合は鳩の内臓のソースを添えることで、それぞれフランス料理に落とし込んでおり、意外性がありつつも違和感のない味わいに仕上げるよう心がけています。

　私は、バスク地方の料理に見られる「海と山の素材の取合せ」が好きで、よく用います。ある種の「邪道」の組合せが食文化として価値を持つ点に惹かれるのだと思います。同様に、素材とソースの組合せにも絶対的な「合う」「合わない」はないのではないか。普通なら合わせないような邪道の取合せも、バランスの整え方ですごくおいしくなるかもしれない。そんな考えから、「ペルドローとラングスティーヌのソース」「仔羊とカラスミのソース」のような料理が生まれました。

　海外の食文化にふれると自分の固定概念が壊れ、素材に素直に向き合うことの大切さに気づくことができます。ただし、あまりにこだわりがなくなると自分の「らしさ」も薄れるので、そこをどう共存させて「オマージュ」の味と世界観を作るかが目下の課題です。

金山康弘
Kanayama Yasuhiro

1971年神奈川県生まれ。「銀座レカン」(東京・銀座)、「コートドール」(同・三田) などで修業し、2002年に渡仏。「アストランス」、「ル・ブリストル」を経て、「ル・ビストラル」、「ラ ビガラード」(すべてパリ) でシェフを務める。帰国後の2013年、現ホテルの総料理長に就任。現在はホテル内のレストラン「ベルス」の料理長を兼任する。

ハイアット リージェンシー 箱根 リゾート＆スパ「ベルス」
神奈川県足柄下郡箱根町強羅1320
tel: 0460-82-2000
hakone.regency.hyatt.com/ja/hotel/home

Q. あなたにとって、ソースとは?

　ソースは、皿全体のバランスをとるための手段。私の場合、最初に一定の大きさの「枠」をイメージして、その中に主素材とソースがバランスよく収まるようにと考えます。クラシックなフランス料理では主素材以上に存在感が強いソースや付合せによって皿を構成することも多いですが、それとは異なるアプローチです。

　料理を口に運んで最初にソースのインパクトが来るよりも、食べ終えた時点で素材とソースが「つながった」と感じるような味が理想。ソースの存在感によって、食材が本来持つ「感じとりにくい部分」をかき消したくないという気持ちが強くあります。素材がもっとも良さを発揮するポイントに持っていくことを第一に考えれば、自然とソースの内容も決まってきます。

　たとえば、魚自体の味や香りが弱く水っぽいようであればフュメ・ド・ポワソンや他のブイヨンなどを主体とした旨みの強いソースが合いますが、逆に身が密に詰まっていて、味、香りが強い魚に対してはソースの旨みが強すぎると魚とうまくなじまず、バランスが崩れてしまいます。ならば常識的な組合せにこだわらず、だしの旨みに頼らないソースを考えるべきではないか。そんなアプローチの仕方で料理を組み立てます。

Q. つくり方や使い方のポイントは?

　必要最低限な要素で構成し、しかし複雑さを感じさせるようなミニマルな表現を目指しています。重視するのが香りで、「香りも旨みの一つの形」と考えて、香りのよい、澄んだソースを作ることを心がけます。そのために大切なのは、ていねいな仕事をほどこすこと。そして常に作りたてを使うことです。

　たとえば肉料理には素材のジュを合わせることが多いですが、ガラを炒めた後のバターは味が濁るので捨てる、焦げ臭の原因になる鍋肌の汚れはこまめにふき取るなど、基本的な作業を高い精度で行ない、提供のタイミングに合わせて仕上がるように段取りします。作りたての鮮度が重要なのは、ソースだけでなく野菜のピュレやだしも同じ。ピュレは冷やすと香りがとびますから常温で保管できるように営業直前に仕込み、フォン類も仕込んだその日に使い切ります。

　味の方向性としては、酸味や苦みと塩気のバランスに気を配ります。たとえばホワイトアスパラガスとサバイヨンの料理では、ソースに加えたオレンジと付合せのパッションフルーツの酸味によって、塩気を引き立てることを狙いました。こうするとソースに加える塩を少量に抑えることができ、強い塩気でホワイトアスパラガスの香りを損なわずに済むのです。

　仕上げの際はバターで軽くつなぎ、オリーブオイルでキレを出すことが多いです。味の強いものを中和させたりコクを出したい時には生クリームも使いますが、一歩間違えると料理の味を覆い隠してしまうので、量や加熱時間に気をつけています。今回、花ズッキーニとハマグリの品ではつなぎにルウを使いました。ルウは仕上がりが粉っぽくなるとか、古い仕事という印象があるかもしれませんが、粉のグルテンが十分に切れていれば油脂よりも軽く、やさしい感じに仕上げることが可能で、見直すべき技術だと思います。

高田裕介
Takada Yusuke

1977年鹿児島県・奄美大島生まれ。調理師学校のフランス校を卒業後、大阪市内のフランス料理店などに勤め、2007年に渡仏。「タイユヴァン」、「ル・ムーリス」(ともにパリ)などで2年間修業する。帰国後の2010年に「ラ・シーム」を開業。2016年2月にリニューアルオープン。

ラ・シーム

大阪市中央区瓦町3-2-15 瓦町ウサミビル1F
tel: 06-6222-2010
www.la-cime.com

Q. あなたにとって、ソースとは？

「味つけするもの、すべて」です。私にとって料理することは記憶を確認する作業で、発想の素、味の素はいつも自分の体験の中にあります。その点を強く意識するようになってから、以前であれば選ばなかった素材も迷いなく選べるようになり、「ソースと言われればソースかも……？」というようなソースも躊躇なく使うようになりました。

例を挙げると、少し古くなったフロマージュ・ブランを味見したら酒粕っぽい味がしてカラスミが食べたくなった、タコと山椒の佃煮を食べながら烏龍茶を飲んだらおいしかった……そんな日常の記憶からおいしさを発見してソースを仕立てています。

生まれ育った奄美大島の食文化もヒントになります。「ラディッキオ」のブーダン・ノワールのソースに用いた豚の血、ラード、味噌の組合せは、奄美の伝統料理で実際に見られるもの。薩摩、沖縄、台湾の食文化がないまぜになった奄美の感覚は、私のソース観に大きな影響を与えていると思います。

一方で、最近は「ソースとしての用途の幅広さ」も意識します。以前に比べてコースの品数が増えた結果、必要とするソースのバリエーションも増えてきたためです。今回で言うとサザエの肝のソースや昆布とじゃが芋のソースはそういう発想で作りました。ともに野菜料理に仕立てていますが、ポーションを小さくして付合せにすることもできるし、ソースは魚や肉料理に合わせることも可能。強い個性がありつつ、使い道を限定しないソースです。

Q. つくり方や使い方のポイントは？

このところ興味を持って使っている素材は、乾物です。干し野菜、乾燥大豆、魚の干物……。その多くが非常に日本的な味わいを持つ素材でありながら、引き出される旨みは世界共通でおいしいと感じてもらえるものである点に可能性を感じます。

揚げ野菜の赤ワインソースで使った乾燥野菜のだしはとくに気に入っています。タマネギ、ニンジン、セロリを乾燥させて、さらに油でしっかりと揚げることでグッと旨みが高まり、フォン・ド・ヴォライユかと思うほどしっかりしただしが取れるのです。野菜クズを乾燥させて使えばムダもなくせますし、ミルポワをきざんで炒める手間も省ける。フランス料理の伝統的なフォンのように長時間かけて抽出せずとも、そうした食材と圧力鍋などの機器の助けを借りてベースの味を作ることが可能だとしたら、人手不足に悩まされる現代のレストランにとって選択肢の一つになるはずです。「新しい基本のだし」になればという願いを込めて、"New Basic Stock"と呼んでいます。

茎レタスの料理では、日本的な素材の代表格であるアジの干物でソースを作りました。干物独特の風味がフランス料理にそぐわないと思われるかもしれませんが、バターやスパイスと相性がいいですし、ニンニクやチーズでマスキングするのも効果的です。それでも風味が強ければディップ的に使ってもいいし、レフォールなどの辛みでバランスをとってもいい……そんなふうに発想のリミッターを外して考えることで、より自由にソースを作れるようになると思います。

生井祐介
Namai Yusuke

1975年東京都生まれ。最初音楽の道を志し、25歳で料理の世界に進む。「レストランJ」（東京・表参道）、「マサズ」（長野・軽井沢）にて植木将仁氏の元、修業を積む。「ウルー」（長野・軽井沢）、「シック・プテートル」（東京・八丁堀）でシェフを務めた後、2017年9月に「オード」を開業。

オード
東京都渋谷区広尾5-1-32 ST広尾2F
tel: 03-6447-7480
restaurant-ode.com

Q. あなたにとって、ソースとは？

ソースとは「主素材をよりおいしく食べるためのもの」だととらえています。ですから、ソースを考える時はまず主素材の持ち味を見極めるところからはじめます。どんな食感があり、どういう塩梅が旨みを引き出せるのか、酸をきかせるか、酒や油脂でバランスをとるべきか……。そんな主食材へのアプローチを具現化させるための手段が、私にとってのソースです。

また、ソースにはクリアな旨みを求めます。「雑味は旨み」という考え方も個人的には好きですが、フランス料理のソースのあり方としては違うかなと思います。凝縮感はほしいけれど、なんでも一緒くたに煮詰めればいいというわけではなく、奥行きがありながらキレのいい味を目指しています。

そのためにも、油脂を使う際は素材の味わいをマスキングしすぎないよう量を控えめにしますが、一方で、たっぷりのバターによって生まれる「たっぷり旨い」ソースもフランス料理の魅力の一つ。とくに秋冬はそうした料理を作りたくなります。ただし、一皿で食べるとおいしくても「コース全体としては重いね」と思われたらそれまでですから、バターを思いきり使った料理をピンポイントで一品だけお出しするなど、流れの中でメリハリをきかせることも欠かせません。

Q. つくり方や使い方のポイントは？

「主素材をよりおいしく」という観点から、主素材自体をソースの材料として使うことがあります。ホタルイカの料理にホタルイカのソースを、イカとダイコンの料理にイカとダイコンのソースをといった具合です。こうすることで、「何を食べたか」が強く印象に残る料理にできると考えています。

また、主素材と相性がよい素材でソースを作るのも好きな手法です。川俣シャモに合わせたニンジンのソースや、蝦夷鹿に合わせたゴボウのソース、スジアラに合わせた干し椎茸のソースなどがそうです。いずれの場合も、しっかりと煮詰めて風味を凝縮させつつ、濁りのない味わいを引き出すのがポイント。「ニンジンのソースです」「ゴボウのソースです」と自信をもってお伝えできるような、素材感にあふれた仕上がりになるよう心がけます。

仕立て方でいうと、ソースをパウダーやエスプーマ、アイスクリームなどに仕立てて、温度やテクスチャーの変化を楽しんでいただくことも多いです。ただし、そこに行き着くまでのベースにあるのは、「古典的な料理にこんな仕立てがある」「以前食べたこの組合せの相性がよかった」というフランス料理についての蓄積で、それこそが私が大切にしたいと考えている部分です。たとえば、ソース・オランデーズを伝統的なサバイヨンに仕立てるのもおいしいけれど、もっと空気をたくさん含ませられないかと考えてみる。エスプーマにすれば、口の中で気泡が潰れた時により味が広がりやすくなるかもしれない……そんなふうに想像して、試作してみるのです。結果的にうまくいくことも、いかないこともありますが、「自分が知っているおいしい仕立てよりもさらにおいしくしたい」という気持ちから、新しい料理の形が生まれるのだと思います。

目黒浩太郎
Meguro Kotaro

1985年神奈川県生まれ。都内のフランス料理店を経て2011年に渡仏し、「ル・プティ・ニース・パセダ」(マルセイユ)で1年修業。帰国後、「カンテサンス」(東京・御殿山)に2年半勤める。同店での兄弟子にあたる川手寛康氏が「フロリレージュ」を移転したのに伴い、その跡地に2015年4月に「アビス」を開業。

アビス
東京都港区南青山4-9-9 AOYAMA TMI 1F
tel: 03-6804-3846
abysse.jp

Q. あなたにとって、ソースとは？

ソースを見ると、どういう料理にしたかったのかという料理人の思いが見えてくる―― ソースは料理人のオリジナリティが強く出る部分だと考えています。

また、私にとっては素材の持ち味を自由に形を変えて表現できるのもソースの魅力です。カツオと焼きナスの料理なら、焼きナスの冷たいパウダーが口の中の熱で溶けてナスの香りが立ち上がる、カブの料理であればカブの葉をピュレにすることで、葉の形は見えないけれど食べると確かに存在していると感じさせる……そんな、素材感や季節感まで含めてお客さまに伝えられるソースが理想です。

私の考えでは、ソースは「ユーティリティープレイヤー」ではありません。ソース・ブール・ブランやソース・ボルドレーズといったフランス料理の伝統的なソースの多くは、用途が限定されず、幅広く使うことができるものだと思います。一方、私が作りたいのは「この素材にしか使えないソース」です。ホオズキのソースはムールと、フヌイユのスープは牡蠣と合わせるからこそ一体感が出るというように、お互いを分けて考えることができないような料理とソースの組合せを見つけることに力を注いでいます。

Q. つくり方や使い方のポイントは？

ソースはできるだけシンプルに調理して、メインの食材との関係性を明確にするようにしています。アマダイに合わせた栗のソースは好例で、使っているのは和栗と水だけです。その代わり、渋皮を煮出して栗の香りを移した水を使って和栗のペーストをのばし、濃度を調整するという一手間をかけました。要素を複雑に重ねなくても、素材にフォーカスするための仕事をすれば、そのぶんソースはおいしくなるはずです。私はソースにアルコールをあまり使いませんがそれも同じ理由からで、ヴェルモットの香りや赤ワインの酸味がなくても成立するソース、もうちょっとシンプルなソースを作りたいと思っています。

ソースが料理にピンポイントで合わせたものだからこそ、フォンやブイヨンなどのだしはさまざまな使い方ができるように汎用性を持たせています。「アビス」は魚介の料理に特化した店ですが、味のベースとしては鶏のだしで旨みを下支えしており、水代わりに使うフォン・ブラン、丸鶏を2日かけて煮出し、コンソメに通じる濃厚さを出したブイヨン・ド・プーレ、醤油的な感覚でコクと旨みを補うジュ・ド・プーレなどを常備しています。これらと果物や野菜のピュレ、果実、ホエー、オイルなどを組み合わせてソースのバリエーションを広げるのが私の手法です。

中でもオイルはよく使います。日本の魚の繊細な味わいは、バター系のソースとの相性が必ずしもよくありません。しかし油脂独特のコクや旨みはほしい。そこで、さまざまなフレーバーをつけたオイルを活用するのです。バジルやシブレットなど自家製のハーブオイルに加え、ナッツオイル、柑橘のオイル、三つ葉など野菜の香りを移したオイルをソースに加えたり、仕上げにたらしたりして香り豊かに仕上げます。私にとってはオイルも立派な「ソース」と言えるかもしれません。

料理のレシピと
5氏のだし

本書に登場する78の料理について、
ソース以外のパーツのつくり方を掲載。
合わせて、5氏が用いた
18種のだしのレシピを収録した。

(→8頁)

白アスパラ
アーモンド／オレンジ
オレンジ風味のサバイヨン

―

金山康弘
ハイアット リージェンシー 箱根
リゾート&スパ「ベルス」

―

[つくり方]

白アスパラ
ホワイトアスパラガスを掃除して塩ゆでする。

アーモンド
❶ 鍋に水15ccとグラニュー糖15gを入れて120℃くらいまで加熱する。軽くローストしたアーモンド（マルコナ種）を入れ、グラニュー糖が茶色く色づく手前で火を止める。アーモンドがまとったグラニュー糖が白くなるまで混ぜる
❷ ①を再度火にかけ、しっかりと色がつくまでカラメリゼする。
❸ ②の粗熱がとれたら適宜の大きさに砕く。

仕上げ
❶ 白アスパラに少量のオリーブオイルをぬり、皿に盛る。その脇にオレンジ風味のサバイヨンを流し、オリーブオイルをたらす。
❷ ①の周囲にアーモンド、パッションフルーツ、ナスタチウムの葉を散らす。

> 付合せに酸味の要素を入れて、ソースの塩気を引き立たせる。今回はパッションフルーツを使ったが、ベゴニアの花なども合う。

(→10頁)

葱汁
焼き葱のジュ

―

高田裕介
ラ・シーム

―

[つくり方]

焼き葱
❶ ネギを300℃のオーブンで焼き、ラップ紙で巻いて棒状に形を整える。
❷ ①の粗熱がとれたらラップ紙を外し、2cmほどの長さに切る。断面をバーナーであぶる。

エンドウ豆
焼き葱のジュを鍋にとって沸かし、エンドウ豆を入れてさっと火を通す。

仕上げ
❶ 器に焼き葱を盛り、エンドウ豆を焼き葱のジュごと注ぐ。
❷ 芽ネギを散らし、ネギオイル（解説省略）をたらす。

> ソースの中でエンドウ豆を温めることで、ネギの甘さとエンドウ豆の青臭さの間に一体感が出る。

(→12頁)

鮒ずしの飯と豆
椎茸と飯のソース

―

生井祐介
オード

―

[つくり方]

❶ スナップエンドウの実を3〜5秒ほど塩ゆでする。
❷ 鍋にフュメ・ド・ポワソンを入れて沸かし、バターを加え、塩で味をととのえる。適宜に切ったインゲン豆とソラ豆をそれぞれ入れて軽く熱する。
❸ 器に①と②を盛り、②の煮汁を少量流す。ウルイの葉で巻いた椎茸と飯のソースをのせ、姫オゼイユの葉をあしらう。

> 3種の豆は「軽い煮込み」のイメージで、食感を残しつつ風味豊かに仕上げる。

(→14頁)

グリーンピース キャベツ／オゼイユ
オゼイユのジュ
キャベツのピュレ
—
金山康弘
ハイアット リージェンシー 箱根
リゾート＆スパ「ベルス」
—

［つくり方］

❶ グリーンピースをさっとゆでる。
❷ 器に①とキャベツのピュレを盛り、適宜に切った生牡蠣を添える。オゼイユのジュを流す。
❸ ②にラルド・ディ・コロンナータをのせ、斜め切りして表面を焦げ目がつくまで焼いたキュウリをのせる。
❹ ③にペコリーノ・ロマーノをけずりかけ、半割にしたサクランボウ、オゼイユの葉、クレイトニアの葉を散らす。

> 甘み、酸味、苦み、ミネラル感などさまざまな要素が織り交ぜられた皿を、ラルドの油脂分とコクでまとめる。

(→16頁)

筍／ワカメ／桜海老
筍のソース
—
生井祐介
オード
—

［つくり方］

筍
筍のソースを作る際に取りおいたタケノコを素揚げする。

ワカメのムース
❶ ワカメをゆでて水気をきっておく。
❷ ホタテをフード・プロセッサーで撹拌する。①を加えてさらに回し、塩で味をととのえる。
❸ ②に卵白を加えて撹拌し、柔らかさを調整する。
❹ ③をラップ紙に流し、直径1cmほどの円柱状に成形する。蒸す。

桜海老
サクラエビに片栗粉をまぶして素揚げする。

仕上げ
❶ 深さのある器に筍とワカメのムースを交互に並べて盛る。赤オキサリスをあしらう。
❷ 筍のソースと桜海老を別添えする。まず筍とワカメのムースにソースをかけて食べ、次に桜海老を散らして食べるようすすめる。

> ワカメのムースは、ホタテとワカメをしっかりと撹拌して状態を確認し、柔らかさが足りない場合に卵白を加える程度でよい。

(→18頁)

赤座海老／竹の子 トマト
トマトと木の芽のソース
—
金山康弘
ハイアット リージェンシー 箱根
リゾート＆スパ「ベルス」
—

［つくり方］

赤座海老と竹の子の重ね揚げ
❶ タケノコをゆがく。
❷ ラングスティーヌを食感が残るように包丁で粗く叩く。卵白とコーンスターチを加えてフード・プロセッサーで撹拌し、塩で味をととのえる。
❸ ①のタケノコの先端に近い部分を半割にして、②をたっぷりぬる。
❹ 00粉50gに黒ビール(ギネス) 80ccを加え混ぜ、衣とする。
❺ ③に④の衣をまとわせてオリーブオイルで揚げる。

仕上げ
❶ 器に花ルッコラを盛り、トマトと木の芽のソースを流す。
❷ 赤座海老と竹の子の重ね揚げを二等分し、断面を上にして盛る。木の芽を散らす。

> 重ね揚げの衣は、水分として黒ビールを用いることでサックリした食感とほのかな苦味を出す。

(→20頁)

春
菜の花のピュレ
じゃが芋のクランブル

目黒浩太郎
アビス

―

[つくり方]

芽キャベツ
オリーブオイルを熱したフライパンに半割にした芽キャベツ（小型のもの）を入れ、焼き色をつける。

本ミル貝
❶ ミル貝の殻を外し、水管、身、ヒモを切り出す。すべてを粗くきざむ。
❷ ①にオリーブオイルを回しかけ、熱したフライパンでさっとソテーする。軽く塩をふる。
❸ みじん切りにした行者ニンニクを②に加え、レモン果汁を回しかけてデグラッセする。

仕上げ
❶ 器に菜の花のピュレを円形に流し、本ミル貝をのせる。
❷ ①にじゃが芋のクランブルをかけ、それを覆うように芽キャベツを盛る。
❸ ナノハナの花とちぎったパンプルネルを盛る。

［食感を損ねないよう、芽キャベツは小ぶりのタイプを選んで使用する。］

(→22頁)

じゃが芋
昆布とじゃが芋のソース

高田裕介
ラ・シーム

―

[つくり方]

ニョッキ
❶ じゃが芋（男爵いも）をゆでて皮をむき、つぶす。裏漉しする。
❷ ①に薄力粉、卵黄、すりおろしたパルミジャーノ、塩を入れて混ぜ合わせる。
❸ ②を直径4cmほどの球状に成形し、塩ゆでする。

仕上げ
❶ ニョッキに昆布とじゃが芋のソースをまとわせて温め、皿に盛る。
❷ ツクシの穂先を素揚げし、①に貼り付ける。

［野菜料理の一品とする他、付合せとしても活用可能。昆布とじゃが芋のソースは淡白な魚や鶏肉に合わせてもよい。］

(→24頁)

じゃが芋／キャヴィア
アサリとキャヴィアのソース

生井祐介
オード

―

[つくり方]

じゃが芋のタルト
❶ じゃが芋（男爵いも）をゆでて皮をむき、裏漉しする。
❷ ①に薄力粉と卵白を加え混ぜ、厚さ2mmほどにのばす。直径4cmほどのセルクルで抜き、オーブンで焼く。

仕上げ
❶ じゃが芋（男爵いも）の皮をむき、スライスして半円形に切る。
❷ 皿にじゃが芋のタルトを盛る。じゃが芋のピュレ（解説省略）をのせ、①のじゃが芋のスライスを円錐状に成形したものを形よく刺していく。
❸ ②のじゃが芋のスライスにマスの卵をしのばせる。アサリとキャヴィアのソースを流し、サラマンドルで軽く温める。

［じゃが芋のタルトは「甘くないサブレ生地」（生井氏）のイメージで、パリッとした食感に焼き上げる。］

(→26頁)

クルジェット／蛤
オリーブ
蛤とオリーブ、シトロン・コンフィのソース

金山康弘
ハイアット リージェンシー 箱根
リゾート＆スパ「ベルス」

[つくり方]

ズッキーニとハマグリのピュレ
1. ズッキーニを小角切りにする。
2. オリーブオイルを熱したフライパンでみじん切りにしたニンニクを炒め、香りが立ったら①を加える。ズッキーニがしんなりしたらタイムを加え、塩をふる。
3. ②に少量の水を加え、紙蓋をしてズッキーニが完全に煮崩れる手前まで火を入れる。
4. ③をミキサーで撹拌し、粗めのピュレにする。
5. ハマグリを少量の水で煮て蓋を開かせる。身を取り出し、ミキサーで撹拌してピュレにする。
6. ④に⑤と少量の卵黄を加え混ぜ、塩で味をととのえる。

仕上げ
1. 花ズッキーニにズッキーニとハマグリのピュレを詰める。
2. フライパンにブイヨン・ド・レギュームを深さ1cmほどになるように注ぎ、①を入れて180℃のオーブンで蒸し焼きにする。
3. 皿に②を盛り、蛤とオリーブ、シトロン・コンフィのソースを流す。

> 詰めものをした花ズッキーニは、ブイヨン・ド・レギュームに浸して火入れすることで乾燥を防ぐ。

(→28頁)

銀杏
鯖節と春菊のソース

荒井 昇
オマージュ

[つくり方]

1. ギンナンの殻をむき、皮付きのまま米油で素揚げする。皮をむき、塩をふり、菊花をまとわせる。
2. 器に①を盛り、鯖節と春菊のソースを流し、オリーブオイルをたらす。

> 旨みの強い鯖節のソースとバランスをとるため、仕上げにたらすオリーブオイルは香りのさわやかなタイプを選ぶ。

(→30頁)

小玉ねぎのロースト
トリュフのソース

荒井 昇
オマージュ

[つくり方]

小玉ねぎのカラメリゼ
1. ペコロスの皮をむいて塩をふる。アルミホイルで包み、150℃のオーブンで30分加熱する。
2. ①を半割にする。バターを溶かしたフライパンで断面を焼いてキャラメリゼする。

小玉ねぎのファルシ
1. ペコロスの皮をむいて塩をふる。アルミホイルで包み、150℃のオーブンで30分加熱する。
2. タマネギのスライスと細切りにしたベーコンを、バターを溶かしたフライパンでソテーする。弱火で30分ほど炒めたら生クリームを加え、塩とコショウで味をととのえる。
3. ①をくり抜いて②を詰める。

乾燥小玉ねぎ
1. ペコロスを薄くスライスする。
2. 砂糖、トレハロース、水を合わせてシロップを作り、①とともに専用の袋に入れて真空にかける。60℃のスチコンで1時間加熱する。
3. ②のペコロスを取り出し、ディハイドレーターで乾燥させる。

仕上げ
1. 小玉ねぎのカラメリゼを皿に盛り、円形に抜いたトリュフをあしらう。
2. 小玉ねぎのファルシを皿に盛り、円形に抜いた竹炭入りクルトン（解説省略）と乾燥小玉ねぎをあしらう。
3. トリュフのソースを点描する。

> ペコロス自体の糖分でカラメリゼするため、甘みの強いものを選んで使う。

(→32頁)

茎レタス／干物
干物のソース

―

高田裕介
ラ・シーム

―

[つくり方]

❶ 茎レタス（チシャトウ）の皮をむいて水にさらす。棒状に切って、塩ゆでする。
❷ 皿に①を井桁のように互い違いに盛り、干物のソースをかける。
❸ ②にコンテチーズを削りかけ、マジョラムを散らす。ナノハナオイル（解説省略）をたらす。

> 干物のソースは鶏や仔羊の料理にも合う。風味が強いので、レフォールのすりおろしを加えてキレよく仕立てるなどのアレンジも可能。

(→34頁)

蕪
蕪の葉のソース
ハーブオイル

―

目黒浩太郎
アビス

―

[つくり方]

❶ ボウルにフロマージュ・ブラン、生クリーム、サワークリームを入れて混ぜる。
❷ 鍋に牛乳を入れて火にかけ、沸く手前で水でもどした板ゼラチンを加える。①に注いで混ぜる。
❸ カブの皮をむき、薄いいちょう切りにする。
❹ 皿に①を盛り、円錐状に丸めた③を刺してドーム状に積み重ねる。
❺ カブの葉のソースに蒸した毛ガニの身を混ぜ、塩、コショウ、レモン果汁で味をととのえる。④の周囲に数ヵ所に分けて盛る。
❻ ⑤の周囲にハーブオイルをたらし、キャヴィアを添える。

> レモン果汁は仕上げ直前に加えることでソースの輪郭がぼやけず、全体の味わいが引き締まる。

(→36頁)

蕪／アンチョビ
アーモンド
アンチョビとアーモンドのチュイル

―

金山康弘
ハイアット リージェンシー 箱根
リゾート＆スパ「ベルス」

―

[つくり方]

❶ カブ（もものすけ）を提供直前に薄切りし、イチョウ形に切る。
❷ 皿に①とアンチョビとアーモンドのチュイルを重ねて盛り、濃度が出るまで煮詰めたリンゴジュースをたらす。セロリの葉を散らす。

> リンゴジュースの酸味と、アンチョビの魚介特有の旨みが好相性。カブをさっぱりと、しかし満足感をもって食べられる。

(→38頁)

苦旨
サザエの肝とコーヒーのソース
―
高田裕介
ラ・シーム
―

[つくり方]

❶ ダイコンの皮をむいて適宜の大きさに切り、塩で味つけした昆布だしで炊く。直径1cm、長さ2cmほどの円柱状に切り出す。
❷ ①に温めたサザエの肝とコーヒーのソースをまとわせる。
❸ ②を皿に盛り、ラディッシュの薄切りと赤オキサリスをあしらう。
❹ 皿の上半分にコーヒーパウダーを散らす。

> まるでチョコレートのような見た目もポイント。このまま魚料理の付合せにしたり、ジビエ料理のソースにしてもよい。

(→40頁)

タルディーヴォ 黄金柑 ピスタチオ
黄金柑のピュレ
―
金山康弘
ハイアット リージェンシー 箱根
リゾート＆スパ「ベルス」
―

[つくり方]

❶ ラディッキオ・タルディーヴォを半割にして、テフロン加工のフライパンに押し付けるようにして両面を焼く。
❷ ①の断面をバーナーであぶる。
❸ 皿に①を盛り、クネル形にとった黄金柑のピュレを添える。ソースのまわりにオリーブオイルをたらす。
❹ ラディッキオ・タルディーヴォにカラスミを削りかける。オーブンでローストしたピスタチオを砕いて散らす。

> ピスタチオをローストするタイミングは提供直前。熱々を砕いて、豊かな香りを楽しんでもらう。

(→42頁)

ラディッキオ
ブーダン・ノワールのソース
―
高田裕介
ラ・シーム
―

[つくり方]

ラディッキオのソテー
❶ ラディッキオを1cm角程度に切り、オリーブオイルを敷いたフライパンでソテーする。塩で味をととのえる。
❷ ①にブーダン・ノワールのソースを加え混ぜる。

ラディッキオのフリット
❶ ラディッキオを一株丸ごと、オリーブオイルで素揚げする。
❷ ①の下半分をブーダン・ノワールのソースにくぐらせる。

仕上げ
皿にラディッキオのソテーを敷き、ラディッキオのフリットをのせる。塩をふる。

> ラディッキオはソテーとフリットの2通りに仕立てて、異なる魅力を引き出す。

(→46頁)

ぼたん海老／胡瓜
キュウリのパウダーとゼリー
―
生井祐介
オード
―

[つくり方]

❶ 活けのボタンエビの殻をむき、頭と背わたを取る。
❷ ①にレモン果汁、ライム果汁、ショウガの搾り汁をからめ、太白ゴマ油と塩をふって10分ほどおく。
❸ 皿に②を盛り、キュウリのゼリーをかける。上からキュウリのパウダーをかける。

> ボタンエビは鮮度の高いものを使う。ここでは、北海道から生きた状態で届く泳がしのボタンエビを用いた。

(→48頁)

ラングスティーヌ
人参
3色の野菜オイル
―
高田裕介
ラ・シーム
―

[つくり方]

❶ アカザエビに塩をふってソテーし、殻をはずす。頭と背わたを取り、塩をふる。
❷ 皿に①を盛り、3色の野菜オイルを流す。
❸ ②に人参オイルで和えた小さなニンジンと、ニンジンのピュレを添える。ニンジンの葉とパンプルネルを散らし、コライユとニンジンのパウダー（解説省略）をふる。

＊ニンジンのピュレ
ニンジンオイルを作る際に取りおいたニンジンの絞りかすをパコジェット専用容器に入れて冷凍し、パコジェットにかけたもの

> 野菜オイルは、野菜のピュレとともに使うと存在感が高まる。また、澄んだブイヨンに落として色と香りの要素として使ってもよい。

(→50頁)

オマール・ブルーのラケ
鶏のアバのソース
オマールのジュ
―
荒井 昇
オマージュ
―

[つくり方]

オマール・ブルーのラケ

❶ オマール（フランス・ブルターニュ産）をゆでて殻を外す。
❷ ①のオマールに溶かしバターをぬる。
❸ ②にオマールのジュをぬってはサラマンドルで軽く温める工程を何度かくり返し、ラケにする。

ロメスコ

❶ オリーブオイルを熱したフライパンで、薄切りにしたニンニクとタマネギを炒める。
❷ ①のタマネギがしんなりしたらパプリカ（ピキージョ）の水煮、ホールトマト、アーモンドの薄切りを加えて煮込む。
❸ ②をミキサーで撹拌し、塩とコショウで味をととのえる。ピマン・デスプレットを加える。

仕上げ

❶ 器に長方形の型をのせ、鶏のアバのソースを流す。型を外す。
❷ ①にオマール・ブルーのラケをのせ、クネル形にとったロメスコを添える。
❸ 薄切りにしたアーモンドとボリジの葉を添える。

> 甲殻類に鶏のレバーを合わせる古典料理にヒントを得た一品。ロメスコを添えて中南米風のアクセントをつけた。

(→52頁)

オマール・ブルーの
ベニエ
オマールのソース・シヴェ
—
荒井 昇
オマージュ
—

[つくり方]

オマール・ブルーのベニエ
❶ アシアカエビのすり身、エストラゴン、昆布だし、生クリームをフード・プロセッサーにかける。コニャックとヴェルモットを加え、塩で味をととのえる。
❷ 下ゆでしたオマール(ブルターニュ産)を1cm角に切り、①と合わせる。ラップ紙で包んで球状に形を整え、ベニエの生地(後述)をつける。
❸ ②を米油で揚げる。

ベニエの生地
❶ ボウルに薄力粉、コーンスターチ、塩、砂糖、牛乳を入れてすり混ぜる。
❷ ①に溶かしバターと全卵を加え混ぜる。

仕上げ
❶ オマール・ブルーのベニエにローリエの枝を刺し、器に盛る。
❷ 別の器にクネル形にとった人参のピュレを盛り、オマールのソース・シヴェを流す。

[人参のピュレの甘みがオマールとも、それを包むベニエ生地とも好相性。ソースに溶かしながら食べてもらう。]

(→54頁)

オマール海老
カカオ／万願寺
烏賊墨とカカオのソース
—
金山康弘
ハイアット リージェンシー 箱根
リゾート&スパ「ベルス」
—

[つくり方]

オマール
❶ オマールを半割にする。断面を下にしてテフロン加工のフライパンに入れ、中火で焼く。
❷ ①の面を返して火を弱め、余熱で火を入れる。バターを入れて溶かし、香りづけして仕上げる。
❸ ②のオマールの殻をはずす。

万願寺唐辛子
❶ 万願寺唐辛子をフライパンで焼き、輪切りにする。
❷ ①をバーナーであぶって焼き色をつけ、塩をふる。

仕上げ
❶ 皿にオマールを盛り、ラルド・ディ・コロンナータをのせる。塩をふる。
❷ ①の脇に烏賊墨とカカオのソースを流し、オリーブオイル(タジャスカ種)をたらす。
❸ 万願寺唐辛子を添え、コライユをふる。

[仕上げには、ピリッとした刺激のあるタジャスカ種のオリーブオイルを使用。皿全体の風味を引き締める。]

(→56頁)

蛍烏賊／チョリソ
根三つ葉／筍
蛍烏賊とチョリソのソース
—
目黒浩太郎
アビス
—

[つくり方]

筍
❶ 鍋に水を張り、糠とともにタケノコを30〜40分ゆでる。流水にさらして粗熱をとる。
❷ ①の皮をむいて一口大に切る。
❸ オリーブオイルを熱したフライパンで②をソテーし、表面に焼き色をつける。

仕上げ
器にタケノコを盛り、蛍烏賊とチョリソのソースをかける。赤オゼイユの葉を散らす。

[ソースの中で軽く煮たホタルイカが主役。歯切れのいいタケノコが食感のアクセントになっている。]

(→58頁)

蛍烏賊／ラディッキオ
蛍烏賊とチョリソのペースト
―
生井祐介
オード
―

[つくり方]

❶ ラディッキオを1cm角程度に切り、オリーブオイルでソテーする。塩で味をととのえる。
❷ ホタルイカの目、クチバシ、軟骨を取り除き、ベニエの衣(解説省略)をつけてオリーブオイルで揚げる。
❸ 皿の3ヵ所に①と蛍烏賊とチョリソのペーストを盛り、②とヴィネグレットで和えた生のラディッキオをのせる。
❹ スモークパプリカパウダーをふる。

[ホタルイカのソースでホタルイカを食べる一皿。生とソテー、2種類のラディッキオが箸休め的な役割を担う。]

(→60頁)

アオリイカ／うるい
ストラッチャテッラのクリーム
バジルオイル
―
目黒浩太郎
アビス
―

[つくり方]

❶ アオリイカをさばき、身を脱水シートで包んで冷蔵庫で2日ほどねかせる。
❷ ①に格子状に包丁目を入れて、フルール・ド・セルをふる。
❸ ②と、輪切りにしたスイートグリーントマトを皿に盛る。適宜に切ったホワイトセロリとウルイを散らす。
❹ ③にストラッチャテッラのクリームを線描する。
❺ レッドマスタード、アリッサムの花、ナスタチウム、赤オキサリスなどのハーブを散らし、松の実をふる。
❻ バジルオイルをたらす。

[粘り気のあるアオリイカとウルイの組合せから発想をスタートし、全体を白と緑の素材で統一した。]

(→62頁)

烏賊／大根
大根おろしのソース
―
生井祐介
オード
―

[つくり方]

烏賊

❶ アオリイカをさばく。身の表面に細かな包丁目を入れて、薄力粉をはたく。
❷ テフロン加工のフライパンを熱し、①の包丁目を入れた面を焼く。途中でクミンシードを加え、香りをつける。

大根餅

❶ 水気を絞ったダイコンおろしと薄力粉を合わせる。塩で味をととのえる。
❷ ①を厚さ1cmほどにのばし、油を熱したフライパンで両面を焼く。1.5cm角に切る。

黒米のパフ

❶ 黒米をどろりとするまで炊く。
❷ ①を天板に薄くのばし、ディハイドレーターで乾燥させる。
❸ 180〜190℃の油でさっと揚げてスフレ状にする。

仕上げ

❶ 器に大根餅を盛り、ラルド・ディ・コロンナータをかぶせる。立てかけるようにして黒米のパフと烏賊を盛る。
❷ タイムと薄切りにした黒ダイコンを添える。
❸ ダイコンをくり抜いて作った容器に大根おろしのソースを注ぎ、②に添える。客前で器にソースを注ぐ。

[大根おろしをたっぷりとのせた「みぞれ鍋」がモチーフ。大根餅、生のダイコンも添えてダイコン尽くしの一品とする。]

(→64頁)

烏賊とナッツ
ピスタチオオイル
―
目黒浩太郎
アビス
―

[つくり方]

ケンサキイカ
1. ケンサキイカをさばく。身に細かな格子状に包丁目を入れてオリーブオイルをぬる。
2. ①の片面のみをフライパンでさっと焼き、レモン果汁を加えてデグラッセする。

花オクラのサラダ
1. エノキ茸(野生種のもの)をバターでソテーする。
2. ボウルに適宜に切った花オクラのつぼみときざんだエシャロットを入れてヴィネグレット(解説省略)で和える。
3. ②に①を加え混ぜる。

仕上げ
1. 花オクラのサラダのボウルにケンサキイカを入れて和える。
2. 皿に①を彩りよく盛り、ピスタチオオイルを回しかける。ピスタチオを削ったパウダーを散らし、セルバチコの花とウイキョウの花をあしらう。

［油脂分に富んだナッツはねっとりしたイカとよく合うが、中でも「ピスタチオやヘーゼルナッツは万能に使える」と目黒氏。］

(→66頁)

モンゴウイカ
パプリカ／ルタバガ
パプリカのジュ
ルタバガのピュレ
―
金山康弘
ハイアット リージェンシー 箱根
リゾート＆スパ「ベルス」

[つくり方]

1. モンゴウイカをさばいて小角切りにする。
2. ①をレモンタイム、塩、オリーブオイルで和える。
3. 器に②を盛り、横にルタバガのピュレを添える。パプリカのジュを流す。
4. ルタバガのピュレにオリーブオイル(タジャスカ種)をたらし、エストラゴンの新芽をあしらう。

［動物性のだしを使わず、やさしい味わいで全体をまとめた。ルタバガのピュレに加えたバターのコクが、イカのねっとりした甘みに寄り添う。］

(→68頁)

飯蛸／木の芽
烏龍茶
烏龍茶のソース
―
高田裕介
ラ・シーム

[つくり方]

1. イイダコの脚を塩もみして水で洗う。塩ゆでする。
2. 烏龍茶のソースに①を入れて温める。
3. ②を皿に盛り、木の芽を散らす。

［「タコと山椒の佃煮でご飯を食べていた時にアイデアが浮かんだ料理」と高田氏。その際に飲んでいたのが烏龍茶だったため、この組合せになったという。］

(→70頁)

蛤／菜の花
蛤と菜の花のソース
ゴーヤの泡
―
生井祐介
オード
―

[つくり方]

蛤
❶ 鍋に酒と水を入れて沸かし、ハマグリを入れて口を開かせる。
❷ ①のハマグリの身を取り出し、掃除する。

ニョッキ
❶ ゆでて皮をむいたじゃが芋(男爵いも)を裏漉しする。
❷ ①に薄力粉、卵白、塩を加え混ぜる。菜種油を加え、グルテンが出て全体が一まとまりになるまでよくこねる。
❸ ②を直径1.5cm、長さ4cm程度の円柱状に成形し、冷凍庫で冷やし固める。
❹ 提供直前に③を塩ゆでする。蛤と菜の花のソースに入れて温める。

仕上げ
❶ 皿に蛤とニョッキを盛る。
❷ ニョッキに蛤と菜の花のソースをかける。サリコルヌをあしらう。
❸ 蛤にゴーヤの泡をのせる。

[ニョッキのつなぎやソースのつなぎに菜種油を使い、ナノハナの風味とほのかな苦みを皿全体に行き渡らせる。]

(→72頁)

蛤／葉わさび
蛤と葉わさびのスープ
葉わさびオイル
―
目黒浩太郎
アピス
―

[つくり方]

蛤
❶ ハマグリを流水で洗い、少量の水とともに鍋に入れて蓋をし、強火にかける。
❷ ①の殻が開いたら火を止める。身を取り出してキッチンペーパーを敷いたバットにあける。

仕上げ
❶ 器に蛤を盛り、蛤と葉わさびのスープを注ぐ。
❷ 葉わさびオイルをたらし、アリッサムの花を飾る。

[「日本料理の突き出しのような」(目黒氏)温かいスープ。アラミニッツで火を入れた瞬間のハマグリのおいしさを味わってもらう。]

(→74頁)

ムール貝／ホオズキ
ホオズキのソース
バジルオイル
―
目黒浩太郎
アピス
―

[つくり方]

ムール
❶ 少量の水を鍋に入れて沸かす。ムールを入れて加熱し、殻を開かせる。
❷ ①から身を取り出す。

ホオズキ
ホオズキの実を1/4の大きさに切り、オリーブオイルを熱したフライパンでソテーする。

ピーナッツ
ピーナッツを殻付きで10分ゆでる。薄皮をむいて半割にする。

仕上げ
❶ 器にムールとホオズキを盛り、温めたホオズキのソースを流す。バジルオイルをたらす。
❷ ①にピーナッツとヒマワリの新芽を散らす。

[ムールの魅力は「ジューシーさ」にある、と目黒氏。今回のようなスープ仕立ては「そんなムールのおいしさを味わうのに最適な食べ方です」(目黒氏)。]

(→76頁)

こく
干しズッキーニの甘酢
——
高田裕介
ラ・シーム
——

[つくり方]

❶ アカ貝を殻から出して掃除する。
❷ アカ貝の殻に①の身をもどして、干しズッキーニの甘酢をかける。
❸ ②に小角切りにしたズッキーニとショウガを加え、サラマンドルで軽く温める。
❹ ③にローズマリーオイルをたらし、岩塩で土台を作った器に盛る。

> この品のテーマである干し野菜のコク、黒糖のコク、そして風味豊かなキビ酢のコクをストレートに味わえるよう、ほの温かい状態で提供する。

(→78頁)

香りと旨味
フヌイユ風味のブイヨン
——
目黒浩太郎
アビス
——

[つくり方]

❶ 牡蠣の殻をはずし、身を水で洗う。
❷ 鍋に水を張って80℃まで熱し、①をポシェする。
❸ ②の牡蠣の水気をふき取り、器に盛る。
❹ ③に温めたフヌイユ風味のブイヨンを注ぐ。
❺ スライスして塩とオリーブオイルで味つけしたフヌイユ、フヌイユの花、ブロンズフェンネルをのせる。ユズの皮のすりおろしを散らす。

> 鶏のだしと牡蠣の旨みが合わさったスープは力強い味わい。柑橘の皮でさわやかな香りを加えてバランスよく仕上げる。

(→80頁)

漆黒
チレ・アンチョのソース
——
高田裕介
ラ・シーム
——

[つくり方]

❶ 牡蠣の燻製 (解説省略) にチレ・アンチョのソースをまとわせる。
❷ ①を黒い皿に盛り、素揚げした銀杏を一粒、黒い小石の上に乗せて別添えする。

> チレ・アンチョのソースは、もともとはドジョウ料理に合わせるために創作したもの。その場合は、軽やかなブイヨン・ド・レギュームではなく、鶏のブイヨンを用いてしっかりした味わいに仕上げる。

(→82頁)

トレビスと牡蠣の
リゾット
ソース・モレー

荒井 昇
オマージュ

[つくり方]

牡蠣の下処理
1. 牡蠣をむき身にする。殻に残ったジュは取りおく。
2. 昆布だしと①の牡蠣のジュの一部を鍋に入れて沸かす。
3. ①の牡蠣を②に入れてさっとゆでる。

トレヴィスと牡蠣のリゾット
1. トレヴィスを適宜に切って赤ワインで煮る。
2. 鶏のだしと牡蠣のジュを鍋に入れて沸かす。米(日本米)を入れて加熱し、リゾットを作る。
3. ②のリゾットに七割方火が入ったタイミングで①を加え、塩で味をととのえる。完成直前に下処理した牡蠣を加える。

仕上げ
1. 皿にセルクルを置いてフランボワーズパウダーをふる。セルクルをはずす。
2. ①でできたフランボワーズパウダーの円と一部が重なるようにしてセルクルを置き、トレヴィスと牡蠣のリゾットを盛る。セルクルをはずす。
3. 脇に少量のソース・モレーをたらす。

> トレヴィスの苦みと牡蠣のミネラル感を、ソース・モレーのチョコレートのコクで和らげる。

(→84頁)

牡蠣とカリフラワー
牡蠣とカリフラワーのソース

生井祐介
オード

[つくり方]

牡蠣
1. 牡蠣をむき身にし、58℃の湯でポシェする。
2. ①に薄力粉をはたき、バターを溶かしたフライパンでムニエルにする。

豚耳
1. 下ゆでした豚の耳を1cm角に切り、アンチョビ、ケイパー、ケイパーのジュとともにソテーする。
2. ①にシェリーヴィネガー、豚のジュ(解説省略)を加えてデグラッセする。塩で味をととのえる。

ケールのフリットとパウダー
1. ケールをディハイドレーターに入れて乾燥させる。
2. ①を素揚げし、ケールのフリットとする。
3. ①をミルサーで砕き、ケールのパウダーとする。

仕上げ
1. 皿に牡蠣を盛り、豚耳をのせる。上から牡蠣とカリフラワーのソースをたっぷりとかける。
2. ①にケールのフリットをかぶせ、皿全体にケールのパウダーをふる。

> 豚耳の炒め煮は、牡蠣とカリフラワーのソースと合わさって自身もソース的な役割を果たす。甘酸っぱさを強調した味つけにするのがポイント。

(→86頁)

帆立／蕪／唐墨
フロマージュ・ブランと
酒粕のソース、柚子のピュレ

高田裕介
ラ・シーム

[つくり方]

1. ホタテを1cm角に切り、バーナーで軽くあぶる。
2. カブを1cm角に切って軽く塩をふる。フロマージュ・ブランと酒粕のソースで和える。
3. 器に柚子のピュレを流し、①と②を盛り、小角切りにしたカラスミを散らす。オリーブオイルをたらす。

> 酸味と旨みの組合せがテーマの一品。カラスミの塩気が強いので、柚子のピュレは少し多めに入れるとバランスがとれる。

(→88頁)

(→90頁)

オータムポエム
ちぢみほうれん草
貝柱
鶏と貝柱のビスク
―
荒井 昇
オマージュ
―

[つくり方]

❶ 干し貝柱を水で一日もどしてからほぐす。
❷ フライパンにブール・ノワゼットを熱し、適宜に切ったチヂミホウレンソウの軸とオータムポエムを炒める。①と黒酢を加え、さらに炒める。
❸ 塩ゆでしたチヂミホウレンソウの葉を広げ、②をのせて包む。提供前に蒸して温める。
❹ 器に③を盛り、鶏と貝柱のビスクを流す。オータムポエムの花をあしらう。

[チヂミホウレンソウで包んだ干し貝柱やオータムポエムは、いわばビスクの薬味。鶏と貝柱の風味が抽出されたビスクを存分に楽しんでもらう。]

雲丹／パプリカ
パプリカのピュレ
雲丹マヨネーズ
―
生井祐介
オード
―

[つくり方]

豚の皮のフリット
❶ 豚の皮を掃除する。専用の袋に入れて真空にかけ、24時間蒸す。
❷ ①で豚の皮が油脂とコラーゲンに分離するので油脂を落としてコラーゲンのみをとる。
❸ ②を板状にしてディハイドレーターで乾燥させる。
❹ ③を油で素揚げする。

仕上げ
❶ パプリカのピュレと雲丹マヨネーズをそれぞれディスペンサーに入れ、器の中心部分に線描する。
❷ ①の上にウニと赤タマネギのピクルスを盛り、ヴィオラの花、赤オゼイユの葉を散らす。
❸ ②を豚の皮のフリットで覆い、スモークパプリカパウダーをふる。

[パプリカのピュレと雲丹マヨネーズの組合せはそのままに、チュロスのソースとして活用することもある。]

(→94頁)　　　　　　　　　　　(→96頁)　　　　　　　　　　　(→98頁)

真鯛
鯛と菜の花のスープ

目黒浩太郎
アビス

［つくり方］

1. マダイを三枚におろし、1人分の大きさに切る。塩をふる。
2. 70℃・湿度100%のスチコンで①を7〜8分蒸す。
3. ②を器に盛り、ハーブのオイル漬けとレモン果汁を加えて温めた鯛と菜の花のスープを注ぐ。
4. ケールのパウダーを散らし、赤オキサリス、ノコギリソウ、レッドマスタード、ナノハナの花を飾る。

> マダイの皮下のゼラチン質のおいしさを味わう一品。ナノハナをケールに変え、スープに黒トリュフを加えてリッチな仕立てにすることもある。

白魚の温かいサラダ
黒オリーブ、シトロン・コンフィ、ドライトマト、アンチョビ

目黒浩太郎
アビス

［つくり方］

1. チリメンキャベツを細切りにして、バターでソテーする。塩で味をととのえる。
2. あらかじめ熱しておいた皿に、黒オリーブのソースで和えたシラウオを円形に盛る。
3. きざんだシトロン・コンフィ、ドライトマト、アンチョビをのせ、パンプルネルを散らす。①をのせて全体を覆う。

> 鮮度が落ちやすいシラウオは、「だからこそアビスでチャレンジしたい素材」と目黒氏。フキノトウのコンソメをかけてスープ仕立てで供することもある。

白魚／トマトとビーツ
トマトとビーツのコンソメ、そのジュレ

生井祐介
オード

［つくり方］

ウルイ

ウルイの白い部分をせん切りにして水にさらす。

梅干しのピュレ

1. 梅干しの種を抜き、果肉を裏漉しする。
2. ①にマスタード、クミンパウダー、オリーブオイル、ハチミツを合わせて混ぜる。

仕上げ

1. 生のシラウオを紅芋酢で軽く和えて器に盛り、トマトとビーツのジュレと梅干しのピュレを点描する。
2. ①にウルイをかぶせ、花穂を散らす。
3. 温めたトマトとビーツのコンソメを別添えし、客前で②にかける。

> シラウオは冷たく、スープは温かい状態で提供。スープの熱で軽く火の入ったシラウオを、さまざまな粘度のジュレやピュレとともに食べてもらう。

(→100頁)

桜鱒
ホワイトアスパラガス
ホワイトアスパラガスのババロア

生井祐介
オード

[つくり方]

サーモン・マリネ
1. サクラマスを三枚におろす。身に上白糖をまぶして20〜30分おく。
2. ①のサクラマスから水分がにじんできたら塩をまんべんなくまぶす（サクラマスの重量の1.2〜1.4%が目安）。2時間ほどおいてから水洗いし、皮を引く。
3. ②をアーモンドオイルとともに専用の袋に入れて真空にかける。38℃の湯に浸けて25〜30分間加熱する。
4. ③を一旦冷凍して、使用前に自然解凍する。

仕上げ
1. サーモン・マリネを適宜の大きさに切って皿に盛る。クネル形にとったキャヴィアを添える。
2. ①の周囲数ヵ所にホワイトアスパラガスのババロアをサイフォンから絞る。
3. ボリジの花をあしらう。

> マリネしたサクラマスを冷凍するのは、アニサキスによる食中毒予防のため。厚生労働省によると-20℃で24時間以上の冷凍が推奨されている。

(→102頁)

桜鱒／春菊／ビワ
春菊のピュレ
枇杷のコンポート

金山康弘
ハイアット リージェンシー 箱根
リゾート＆スパ「ベルス」

[つくり方]

桜鱒の瞬間燻製
1. サクラマスを三枚におろし、塩と少量の砂糖をまぶして冷凍する。
2. ①を自然解凍して皮を引き、厚さ1cmほどのフィレにする。
3. 提供直前にサクラのチップで瞬間温燻にかける。

小蕪
小カブをフライパンで焦げ目がつくまで焼く。

仕上げ
1. 皿に桜鱒の瞬間燻製を盛り、春菊のピュレと枇杷のコンポートを添える。
2. 小蕪と赤タマネギのピクルス（解説省略）を添え、マジョラムを散らす。オリーブオイル（タジャスカ種）をかける。

> この品において、ソースと付合せの境界線はほとんどなくなっている。ビワ、葉付きの小カブ、赤タマネギのピクルスといった食感の異なるパーツとサクラマスを、春菊のピュレがつなぎ合わせる役割を果たす。

(→104頁)

スモークトラウト
ブール・バチュ・フュメ

目黒浩太郎
アビス

[つくり方]

サーモン・マリネ
1. マスを三枚におろし、岩塩、グラニュー糖、コリアンダー、スターアニス、ローリエ、トレハロースをまぶす。冷蔵庫で半日〜1日マリネする。
2. ①を水で洗い、水気をふきとる。専用の袋に入れて真空にかけ、一旦冷凍する。
3. ②を自然解凍し、スライスする。

筋子
1. 40〜50℃に温めた塩水2ℓに15gの塩を溶かす。筋子を入れて粒をばらす。
2. カツオだしに酒、ミリン、醤油、塩を合わせて沸かし、冷ます。この地に①を入れて一晩浸ける。

四方竹
四方竹を水煮にする。適宜に切る。

仕上げ
1. 器にサーモン・マリネを盛り、筋子をたっぷりとのせる。ブール・バチュ・フュメを流す。
2. 四方竹と芽ネギを散らし、シブレットオイルをたらす。

> 付合せの四方竹は小型のタケノコの一種で、柔らかな歯ごたえが特徴。一般的なタケノコとは異なり秋（10〜11月）に採れる。

(→106頁)

マナガツオ／ポワロー
金柑
白ポルトのソース
—
金山康弘
ハイアット リージェンシー 箱根
リゾート＆スパ「ベルス」
—

[つくり方]

マナガツオ
❶ マナガツオを三枚におろし、やや大きめのフィレにする。
❷ ①に塩をふり、テフロン加工のフライパンに皮目を下にして入れる。時折押さえつけながら、皮目は香ばしく、身はふっくらとするように焼く。
❸ ②が焼けたら1人分に切り出す。

ポワロー
ポワローを1.5cm角に切り、強火で熱したフライパンで食感が残る程度にソテーする。塩で味をととのえる。

仕上げ
❶ マナガツオを断面を上にして皿に盛る。
❷ ①の脇にポワローを添え、細切りしたキンカンの皮、ボリジの花、ナスタチウムを散らす。ドライケイパーのすりおろしをふる。
❸ 白ポルトのソースを流す。

「時として、旨すぎるソースは料理のバランスを崩してしまう」という金山氏。身質がよく味ののったマナガツオの持ち味を消さないよう、ごくシンプルなソースを合わせた。

(→108頁)

マナガツオのロースト
サフラン風味の
マナガツオのジュ
—
荒井 昇
オマージュ
—

[つくり方]

マナガツオ
❶ マナガツオを三枚におろしてフィレにする。柚庵地*に15分浸ける。
❷ ①のマナガツオの水気をふき取り、皮を上にしてサラマンドルで焼く。途中、面を返してふっくらと焼き上げる。焼き上がったら皮をはがす。
❸ ②にディルオイル*をぬる。
＊柚庵地
醤油、酒、昆布水を1:1:1の割合で合わせた地
＊ディルオイル
細かくきざんだディルを米油に浸け込んだもの

付合せ
❶ 細切りにしたじゃが芋を球状にまとめ、素揚げする。紫じゃが芋のチップ(解説省略)を砕いたものをまぶす。
❷ ソラ豆をゆでる。きざんだエシャロットと合わせ、ヴィネグレット(解説省略)で和える。

仕上げ
❶ 皿に付合せのソラ豆を敷き、マナガツオをのせる。
❷ マナガツオにじゃが芋の素揚げをのせ、円形に抜いたコンテチーズとノコギリソウをあしらう。
❸ ②の脇にサフラン風味のマナガツオのジュを流す。

味わい豊かなマナガツオに素材自体のジュを合わせた正攻法の一品。コンテチーズやソラ豆、じゃが芋などコクのある付合せでボリューム感を表現した。

(→110頁)

苦味
カカオ風味の赤ワインソース
—
目黒浩太郎
アビス
—

[つくり方]

穴子
❶ アナゴを60～70℃の湯に通して、包丁でぬめりをこそげ取る。頭を落とし、内臓を取り出し、三枚におろす。
❷ ①のアナゴに焼く直前に塩をふる。オリーブオイルをかけて、グリル台で焼く。

根セロリ
❶ 根セロリの皮をむき、厚さ2mmに切る。
❷ オリーブオイルを熱したフライパンに①を入れ、焼き目がつくまでソテーする。

カカオのチュイル
❶ ココアパウダー、水飴、グラニュー糖を混ぜ合わせる。
❷ ①をオーブンシートを敷いた天板に流し、薄くのばす。150℃のオーブンで5分ほど焼く。

仕上げ
❶ 皿に穴子を盛り、カカオ風味の赤ワインソースをかける。
❷ ①に根セロリをのせ、カカオのチュイルを被せる。

伝統的な「ウナギの赤ワイン煮(マトロート)」がベースだが、「焼いた魚の香ばしさ」をつける方法を模索し、焼いたアナゴと赤ワインソースに分解した一品に仕立てた。

(→112頁)

菊芋のフラン
鰻のスモーク
発酵させた菊芋と
トリュフのソース

荒井 昇
オマージュ

[つくり方]

菊芋のフラン
❶ キクイモの皮を水で煮出す。漉す。
❷ ①に溶いた全卵と塩を合わせ、提供用の器に流す。90℃の蒸し器で10分蒸す。

仕上げ
❶ ウナギの燻製をフライパンでこんがりと焼き、一口大に切る。
❷ 菊芋のフランを入れた器に、発酵させた菊芋とトリュフのソースを流す。①をのせてオータムポエムの花を散らす。

[ウナギの燻製は、一夜干しにしたウナギを桜のチップで冷燻したもの。香ばしさと油脂分が発酵菊芋の酸味とよく合う。]

(→114頁)

苦香
焼き茄子のアイスパウダー
エスプレッソオイル

目黒浩太郎
アビス

[つくり方]

カツオ
カツオをサク取りし、皮をむく。皮面のみをグリルし、厚さ1cmほどに切る。

オレンジパウダー
オレンジの皮を3回ゆでこぼしてからディハイドレーターで乾燥させ、ミキサーにかける。

仕上げ
❶ 皿にカツオを盛り、フルール・ド・セルをふる。エスプレッソオイルをたらし、焼き茄子のアイスパウダーをたっぷりとのせる。
❷ オレンジパウダーと赤オキサリスを散らす。

[カツオのたたきは表面を炙った後に氷水で締める方法もあるが、それだと「水っぽさが気になる」と目黒氏。そこで皿の上でアイスパウダーによって冷やすことで、たたきの温度帯と食感を再現した。]

(→116頁)

鯖と熟成牛脂
鯖とホエーのソース

高田裕介
ラ・シーム

[つくり方]

❶ サバを三枚におろし、塩をふる。フライパンで皮から焼く。六割方火が入ったら取り出す。
❷ ①を厚さ1cmほどに切り、直火で炙って焼き色をつける。皮をはがす。
❸ 皿に②を3枚盛り、皮付きのまま薄切りしたリンゴ（グラニースミス種）を添える。
❹ ③のサバに鯖とホエーのソースをかける。

[熟成牛の脂の風味がポイントのソースに合わせて、サバは直火であぶって香ばしさを出すとともに、脂を落として用いる。]

(→118頁)　　　　　　　　　　(→120頁)　　　　　　　　　　(→122頁)

　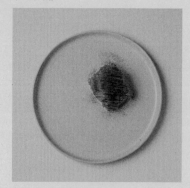　

地金目
グリーンピース
えのき茸
桜海老のソース

目黒浩太郎
アビス

―

[つくり方]

地金目
❶ キンメダイ(静岡県産)を三枚におろして塩をふる。半日冷蔵庫において水分を抜く。
❷ 米油を熱したフライパンで①の皮目に焼き色をつける。
❸ 300℃のオーブンで②を2分半ほど加熱する。

仕上げ
❶ 地金目を1人分の大きさに切って断面に塩をふる。
❷ 皿に①を断面を上にして盛り、グリーンピース、えのき茸、桜海老のソースを添える。
❸ カラスノエンドウを添える。

[「キンメはエビっぽい香りがする」(目黒氏)という香り同士のつながりから、ソースにサクラエビを用いた。]

甘栗
和栗のピュレ

目黒浩太郎
アビス

―

[つくり方]

甘鯛
❶ アマダイを三枚におろす。1人分の大きさに切り出し、塩をふる。焼いた時にウロコが立ちやすいよう、皮を水でぬらし、ウロコの間にオリーブオイルをぬり込む。
❷ オリーブオイルを熱したフライパンに①をウロコを下にして入れる。ウロコが立ってきたら300℃のオーブンに移し、全体にふっくらと火を通す。

原木椎茸
原木シイタケをそぎ切りにしてオリーブオイルでソテーする。塩で味をととのえる。

仕上げ
❶ 甘鯛のウロコを下にして皿に盛る。その上に原木椎茸を並べる。
❷ ①の上に絞り袋に入れた和栗のピュレを菓子のモンブランの要領で絞る。
❸ ②に国産茸のパウダー*を散らす。

*国産茸のパウダー
20種ほどの国産の茸を乾燥させ、粉末にしたもの

[メレンゲなど歯ごたえのあるパーツが土台になっている菓子のモンブランにヒントを得て、サクサクのアマダイのウロコが最下段になるように盛った。]

甘鯛の松笠焼き
白子のスープ
黄蕪のピュレ

荒井 昇
オマージュ

―

[つくり方]

甘鯛の松笠焼き
❶ アマダイを三枚におろす。塩をあててウロコを起こしておく。
❷ ①の水気をふき取り、切り身にする。
❸ フライパンに深さ1cmほどになるように米油を注いで熱する。②のアマダイをウロコを下にして入れる。ウロコがきれいに立つようにじっくりと焼く。
❹ 焼き上がり直前に油を捨てる。アマダイの面を返し、身側をごく短時間焼く。

仕上げ
❶ 黄蕪のピュレにみじん切りにしたトリュフを加え混ぜる。
❷ スープ皿にオリーブオイルを流し、①を盛る。白子のクーリを流し、甘鯛の松笠焼きを盛る。
❸ ②に姫レモンのゼストを散らす。

[白いソースに黄金色のアマダイが浮かんだ、印象的な盛りつけ。黄蕪のピュレが土台になるので、あまり柔らかくしすぎないのもポイント。]

(→124頁)　　　　　　　　　　(→126頁)　　　　　　　　　　(→128頁)

スジアラ／椎茸
干し椎茸と焦がしバターのソース
—
生井祐介
オード
—

[つくり方]

スジアラ
1. スジアラを三枚におろしてフィレにする。
2. ①に塩をして、オリーブオイルを敷いたフライパンで皮目からポワレする。
3. ②を食べやすい大きさに切る。

椎茸のデュクセル
1. シイタケをきざみ、バターとラードを溶かしたフライパンで炒める。塩で味をととのえる。
2. ゆでたホウレンソウで①を包み、棒状に巻く。

ホタテのチップス
1. ホタテを冷凍して、ごく薄くスライスする。
2. 太白ゴマ油をぬり、塩をふってディハイドレーターで乾燥させる。

仕上げ
1. 器の中心に干し椎茸と焦がしバターのソースを流す。
2. ①の周囲にスジアラを盛り、椎茸のデュクセルと、ゆでて半割にしたシイタケを添える。
3. シイタケの横に、ディジョンマスタードとホウレンソウのピュレ（解説省略）を合わせたものを少量添える。
4. ②にホタテのチップスをのせ、ナスタチウムをあしらう。

[さまざまな仕立てのシイタケを合わせて、旨みと風味があふれる一皿に。ホタテでシイタケとは異なる種類の旨みを添えて、奥行き豊かに仕上げる。]

アカハタ／アサリ　大豆
乾物のソース
—
高田裕介
ラ・シーム
—

[つくり方]

1. アカハタをさばいて頬肉を取る。塩をしてしばらくおき、昆布だしでポシェする。
2. 鍋に少量の水と酒を入れて沸かし、砂抜きしたアサリを入れて殻を開かせる。外套膜（外側の出っ張った部分）を切り出す。
3. 器に①を盛り、乾物のソースをかける。②の外套膜と煮大豆を散らす。

[煮大豆は乾物のソースを作る際に煮た大豆をミキサーにかける前の段階で取りおいたもの。とろりとしたソースの中で、大豆とアサリの食感がアクセントになる。]

平目／ふきのとう
ふきのうとロックフォールのペースト
—
目黒浩太郎
アビス
—

[つくり方]

1. ヒラメを三枚におろす。塩をふって冷蔵庫に2時間おく。
2. ①の皮を引き、1人分の大きさに切り出す。
3. テフロン加工のフライパンにバターを熱し、②を皮目を下にして入れる。弱火でじっくりと焼く。焼き上がり直前に面を返す。
4. ③のヒラメを皿に盛る。脇にクネル形にとったふきのうとロックフォールのペーストを添える。

[ヒラメはしっかりと焼いて皮目のゼラチン質を香ばしく仕上げる。付合せはあえて排し、薬味のようなソースの存在感を引き立たせる。]

(→130頁)　　　　　　　　　　(→132頁)　　　　　　　　　　(→134頁)

白子のリゾット
自家製発酵バター

―

生井祐介
オード

―

[つくり方]

白子のリゾット
❶ 鍋にフュメ・ド・ポワソンを熱し、バターを溶かす。米（日本米）を入れてリゾットを炊く。炊き上がる前にサツマイモのピュレ（解説省略）を加え、塩で味をととのえる。
❷ タラの白子を下ゆでする。水気をきり、サラマンドルで表面を温める。
❸ ①に②を加え、なじませるように軽く混ぜる。

仕上げ
❶ 器に白子のリゾットを盛る。棒状に切ったトリュフと黒ニンニクをリゾットに挿し込む。
❷ 温めた自家製発酵バターを流す。

[白子をサラマンドルに入れる際は、表面がしっかりと固まり、中はとろりと溶け出すように仕上げる。リゾットに加えたら混ぜすぎないこと。]

白子
白子のフィルム

―

高田裕介
ラ・シーム

―

[つくり方]

❶ 白子を塩湯でさっと湯通しする。水気をきる。
❷ 器に①を盛り、白子のフィルムを被せる。

[白を基調にしたごくシンプルな構成の料理。器は白一色ではなく、絵付けがされていたり、模様が入っていたりするほうが合わせやすい。]

アヴルーガ／百合根
レモン
レモン風味のサバイヨン

―

金山康弘
ハイアット リージェンシー 箱根
リゾート＆スパ「ベルス」

―

[つくり方]

❶ アヴルーガをクネル形にとり、器に盛る。脇にレモン風味のサバイヨンをサイフォンで絞る。
❷ ①のサバイヨンに塩ゆでしたユリネを散らし、エストラゴンをあしらう。
❸ オリーブオイル（コレッジョラ種）をたらす。

[仕上げのオリーブオイルは、クセがなくマイルドな風味のコレッジョラ種を使用。]

198 – 199 ｜ レシピ ｜ 魚料理とソース

(→138頁)

村越シャモロックの
ショー・フロワ
レフォール風味
レフォールのソース

―

荒井 昇
オマージュ

―

[つくり方]

❶ 鶏(村越シャモロック)のササミをポン酢に浸けて1時間マリネする。
❷ ①のササミを熱湯で湯通しして火を入れる。
❸ ②の粗熱がとれたら網にのせ、レフォールのソースをかけてはしばらくおいて固める工程を3回ほどくり返す。冷蔵庫で冷やし固める。
❹ 毛ガニのほぐし身、キャヴィア、きざんだエシャロットをマヨネーズ(自家製)で和え、ピマン・デスプレットをふる。
❺ ③を皿に盛り、④をのせ、マイクロラディッシュの葉、マイクロコリアンダーの葉、赤オキサリスを飾る。

[ソースは固まるとひび割れしやすいので、ササミに幾重にもぬり重ねるようにする。]

(→140頁)

川俣シャモ／人参
川俣シャモと人参のソース
セップの泡

―

生井祐介
オード

―

[つくり方]

バロティーヌ
❶ 鶏(川俣シャモ)の腿肉の挽肉、肉の重量の1.2%量の塩、コショウ、卵白を加え混ぜる。きざんだ豚の耳*を加えてさらに混ぜる。
❷ 鶏(川俣シャモ)の胸肉を一枚に開き、①をのせて包む。豚の網脂で包み、直径10cmほどの筒状に成形する。ラップ紙で包み、タコ糸で縛る。
❸ ②を56℃のウォーターバスで30～40分間加熱する。
❹ フライパンにラード(自家製)を溶かし、③の表面をこんがりと焼く。

＊豚の耳
豚の耳を1日ソミュールに漬け、フォン・ド・ヴォライユの二番で煮てから冷蔵庫で冷やして締めたもの

付合せ
❶ 人参のピュレをつくる。ニンジンを薄切りにしてフォン・ド・ヴォライユの二番で煮る。塩で味をととのえる。
❷ ミキサーで撹拌してピュレにする。
❸ 人参のソテーをつくる。小型のニンジンをラードでソテーする。
❹ 人参のエマンセをつくる。ニンジンを薄切りにしてさっと湯通しし、ヴィネグレットで和える。

仕上げ
❶ 皿に厚さ1.5cmほどに切ったバロティーヌを盛る。
❷ 人参のピュレ、ソテー、エマンセを添える。
❸ 川俣シャモと人参のソースを流し、バロティーヌの上にセップの泡をのせる。

[川俣シャモのだしを媒介にして、凝縮したニンジンのエッセンスを味わってもらうのが本品のテーマ。付合せもニンジン尽くしとした。]

(→142頁)

村越シャモロックの
ロースト
ブロッコリーのピュレと
ブロッコリーのキヌア

―

荒井 昇
オマージュ

―

[つくり方]

村越シャモロックのロースト
❶ 鶏(村越シャモロック)の胸肉をコフルにし、塩をふる。袋に入れて60℃のウォーターバスで1時間加熱する。
❷ 多めの米油を熱したフライパンに①の鶏を皮を下にして入れて焼く。

付合せ
❶ キヌアをゆでてから乾燥させる。180℃の米油で揚げて塩をふる。
❷ キヌアをゆでてオリーブオイルとレモン果汁で和える。塩をふる。

仕上げ
❶ 村越シャモロックのローストを1人分の大きさに切って皿に盛る。オキサリスの葉を添える。
❷ ブロッコリーのピュレを流し、オキサリスの花を添える。
❸ ブロッコリーのキヌアをクネル形にとって盛り、オキサリスの花を添える。
❹ 付合せの2種のキヌアをそれぞれ盛る。

[鶏は油の中で揚げ焼きにするイメージ。皮目をごく香ばしい食感に焼き上げる。]

(→144頁)

鶏胸肉のラケ
ブール・ローズ
ジュ・ド・プーレ

高田裕介
ラ・シーム

[つくり方]

❶ 鶏の胸肉を塩、タイム、ローリエ、レモン果汁でマリネする。
❷ ①を80℃・湿度100%のスチコンで加熱した後、細長く切り出す。
❸ ②が冷めたらジュ・ド・プーレをぬってはサラマンドルに入れて乾かす工程を3回ほどくり返す。
❹ ③を皿に盛り、カカオニブを散らす。
❺ 別の器にブール・ローズを盛り、バラの花びらで覆う。④に添える。

［ブール・ローズをのせると熱で溶け出すように、鶏の胸肉は熱々で提供する。皿も十分に温めておくのがポイント。］

(→146頁)

鶉／モリーユ茸
緑アスパラガス
鶉のジュ

金山康弘
ハイアット リージェンシー 箱根
リゾート＆スパ「ベルス」

[つくり方]

鶉のロティ
❶ ウズラをさばいてコフルにする。塩をふり、フライパンでリソレする。230℃のオーブンに出し入れをくり返してローストする。
❷ ①から胸肉を切り出す。

モリーユ茸
モリーユを掃除して適宜の大きさに切り、フライパンで焼き色をつける。

緑アスパラガス
オリーブオイルを熱したフライパンでグリーンアスパラガス（イタリア産）を炒める。

仕上げ
❶ 皿に鶉のロティを盛り、鶉のジュを流す。
❷ モリーユと緑アスパラガスを添え、オラックをあしらう。

［春を告げるモリーユとグリーンアスパラガスは、鶉のジュと引き立て合うシンプルな仕立てにする。］

(→148頁)

ブレス産鳩のロースト
腿肉のクロメスキ
中華粥と鳩のアバのソース

荒井 昇
オマージュ

[つくり方]

ブレス産鳩のロースト
❶ 鳩（ブレス産）をコフルにし、65℃のウォーターバスで25分温める。
❷ フライパンに米油を厚さ1cmほどになるように入れて火にかける。①を皮を下にして入れて表面のみを揚げ焼きにする。
❸ ②を温かい場所において余熱で火を入れる。胸肉とササミを切り出す。

腿肉のクロメスキ
❶ 鳩（ブレス産）の腿肉を小角切りにして、焦がしバターで炒める。
❷ バターにニンニクのすりおろしときざんだパセリを混ぜてガーリックバターを作る。
❸ ①と②を合わせて半球状の型に詰め、冷蔵庫で冷やし固める。これを2つ重ねて球状に成形する。
❹ ③に薄力粉、溶いた全卵、パン粉を順に付けて160℃の米油で揚げる。

仕上げ
❶ 皿に中華粥を円形に流し、その手前に鳩のアバのソースを小さな円形になるように流す。
❷ ①にブレス産鳩のローストの胸肉とササミを盛り、フルール・ド・セルをふる。腿肉のクロメスキを添える。
❸ ヴィネグレットで和えたハコベとクレソンの新芽をあしらう。

［ソースの量は中華粥が多めで、アバのソースは少なめに。両者が合わさってちょうどよい塩梅になるバランスを見極める。］

(→150頁)

ペルドロー・ルージュと
ラングスティーヌの
キャベツ包み
ジュ・ド・ラングスティーヌの
サバイヨン

荒井 昇
オマージュ

[つくり方]

❶ ペルドロー・ルージュ（赤ヤマウズラ）の胸肉をフィレにおろす。米油を熱したフライパンで両面をソテーする。塩をふる。
❷ ラングスティーヌをポワレして殻をむく。塩をふる。
❸ チリメンキャベツを細切りにして塩ゆでする。バターを熱したフライパンでスュエし、水を加えて煮る。塩とコショウで味をととのえる。

仕上げ

❶ チリメンキャベツをゆでて、直径10cmほどの円形に切り抜く。
❷ ①を皿に置き、片側にスュエしたチリメンキャベツを盛る。その上にエギュイエットに切ったペルドロー・ルージュと二等分したラングスティーヌをのせる。チリメンキャベツを折ってかぶせ、半月形にする。
❸ ②の横にジュ・ド・ラングスティーヌのサバイヨンをサイフォンで絞り、ピマン・デスプレットをふる。

[ヤマウズラとラングスティーヌという山海の素材の取合せ。食べやすく、かつラングスティーヌと食感が揃うように、ヤマウズラは細長い薄切りにする。]

(→152頁)

雷鳥のロースト
手芒豆のフリカッセ
鮑の肝のソース

荒井 昇
オマージュ

[つくり方]

雷鳥のロースト
❶ ライチョウの胸肉をコフルにし、塩をふる。フライパンでリソレしてから、オーブンに出し入れをくり返してローストする。
❷ ①から胸肉を切り出し、1人分の大きさに切る。

蒸し鮑
❶ アワビの殻を外し、身を掃除する。
❷ 圧力鍋に①、昆布水、生ハム、アワビの蒸し汁＊を入れて30分間加熱する。そのまま冷ます。
❸ ②を1人分の大きさに切る。

＊アワビの蒸し汁
前回蒸し鮑を仕込んだ際の蒸し汁を冷蔵保存して使用

鮑の肝のスペツレ
❶ アワビの肝、強力粉、全卵、水を合わせて練る。絞り袋に詰める。
❷ フライパンに米油を熱し、①を絞り落として揚げる。塩をふる。

仕上げ
❶ 皿に雷鳥のローストと蒸し鮑を並べて盛る。
❷ 手芒豆のフリカッセと鮑の肝のソースを流し、鮑の肝のスペツレを散らす。
❸ 薄切りにして水にさらしたウイキョウをのせ、ウイキョウの花と葉を散らす。鮑の肝のパウダー（解説省略）を散らす。

[蒸し鮑は昆布水や生ハムを使って旨みを幾重にも重ね、ライチョウの個性に負けない味とする。]

(→154頁)

真鴨／オリーブ／銀杏
真鴨のジュ

金山康弘
ハイアット リージェンシー 箱根
リゾート＆スパ「ベルス」

[つくり方]

真鴨
❶ 真鴨の胸肉を切り出す。
❷ フライパンにバターを溶かし、①を皮目を下にして入れる。肉にバターをアロゼする。
❸ ②が焼けたら取り出して油をきり、両面に塩とコショウをふってやすませる。
❹ 1人分の大きさに切り出す。

銀杏
ギンナンの殻をむき、塩ゆでする。薄皮をむく。

仕上げ
❶ 皿に真鴨を盛り、真鴨のジュを流す。
❷ 緑オリーブ（ミッション種）の塩漬けと銀杏を添え、ノワゼットオイルで和えたスプラウトを散らす。
❸ オリーブオイル（タジャスカ種）をたらす。

[真鴨のジビエ特有の濃厚な風味に、オリーブの塩気やノワゼットオイルのコクをぶつけてバランスよく仕上げる。]

(→156頁)

フォワグラ ふきのとう
ふきのとうのアイス

―

生井祐介
オード

―

[つくり方]

フォワグラのポワレ
❶ フォワグラを厚さ1cmほどに切って薄力粉をまぶす。塩をふる。
❷ テフロン加工のフライパンで①をポワレする。

タマネギのチュイル
❶ キャラメリゼしたタマネギをコンソメ（ともに解説省略）で炊く。
❷ ①を漉し、ベジタブルゼラチンを溶かす。
❸ ②を木の葉形の型に流し、80℃のオーブンで1時間ほど加熱して飴状に固める。

仕上げ
❶ 切り株にフォワグラのポワレとクネル形にとったふきのとうのアイスを盛る。
❷ フォワグラのポワレにタマネギのチュイルを数枚のせる。

> レストランで一時期ほど使われなくなったフォワグラを今料理するなら、と考えた一品。フォワグラの甘みに、対象的な味としてフキノトウの苦みをぶつけた。

(→158頁)

兎／人参／アニス
兎のジュ

―

金山康弘
ハイアット リージェンシー 箱根
リゾート&スパ「ベルス」

―

[つくり方]

兎のパイ包み焼き
❶ 兎の背肉と肩肉に塩、コショウ、砂糖、タイムをまぶして一晩マリネする。80℃のオリーブオイルで煮てコンフィにする。1cm角に切る。
❷ 兎の心臓と肝臓も、①と同様にマリネしてコンフィにする。1cm角に切る。
❸ フォワグラを1cm角に切り、フライパンで炒める。
❹ ①、②、③を合わせて俵形に成形し、冷蔵庫に入れて締める。
❺ フイユタージュ（解説省略）で④を包み、表面に卵液をぬる。230℃のオーブンで約13分間焼成する。

人参のピュレ
❶ 鍋にイチョウ切りにしたニンジンとバターを入れ、ひたひたの水を注ぐ。蓋をして中火で煮込む。
❷ ①の水分が蒸発し、バターが分離してきたら水を足して再度沸かす。
❸ ②をミキサーで撹拌してピュレにする。

仕上げ
❶ 皿に兎のパイ包み焼きを盛り、兎のジュを流す。
❷ クネル形にとった人参のピュレを添え、アニスシードを散らし、フヌイユ・ソヴァージュをあしらう。

> パイ包みに詰める兎肉はコンフィにしてパサツキを防ぐ。これには肉をそのまま使うより仕込みがしやすいという利点もある。

(→160頁)

足寄のサウスダウン種仔羊のフィレ肉のロースト
唐墨とキャベツのバターソース

―

荒井 昇
オマージュ

―

[つくり方]

❶ 仔羊（北海道産サウスダウン種）のフィレ肉に塩をして、オーブンでローストする。
❷ ①を厚さ1cmほどに切り分ける。
❸ 器に唐墨とキャベツのバターソースを流す。②を並べるように盛り、ゆでた芽キャベツ、カラスミのスライス、マイクロラディッシュのスライス、ナスタチウムをあしらう。芽キャベツにソースをかける。

> 荒井氏は希少な北海道産仔羊を一頭買いして使用。端肉は挽肉に、骨は仔羊のジュにと、無駄なく使いきる。

(→162頁)

(→164頁)

(→166頁)

"フノガロトス"
揚げ野菜の赤ワインソース

—

高田裕介
ラ・シーム

—

[つくり方]

1. 牛のロース肉を薄切りにして、温めた椎茸のもどし汁でポシェする。
2. ①に揚げ野菜の赤ワインソースをまとわせて皿に盛る。
3. ②に薄切りにしたダイコンを貼り付ける。

> 本来は牛肉をフォンで煮込む"ストロガノフ"を、赤ワイン風味のソースとポシェした牛肉で再現。揚げ野菜から出る濃厚な旨みと甘みがあってこその仕立てだ。

蝦夷鹿の炭焼き
ジロールと鮪の塩漬けのピュレ

—

高田裕介
ラ・シーム

—

[つくり方]

1. 蝦夷鹿のロース肉を炭火で焼く。食べやすい厚さに切る。
2. 直径10cmのセルクルをセットした皿に①を盛り、塩をふる。ジロールと鮪の塩漬けのピュレをクネル形にとって添える。
3. ②に軽く煎った椎の実と松の実を散らし、鮪の塩漬けを削りかける。セルクルを外す。

> 蝦夷鹿を仕留めた猟師から肉とともに送られてきた椎の実と松の実から発想。ジロールが生える森の情景を思い描いて仕立てた。

鹿／牛蒡
鹿とゴボウのジュ

—

生井祐介
オード

—

[つくり方]

蝦夷鹿のロティ

蝦夷鹿のロース肉に蝦夷鹿の脂を巻いて、300℃のオーブンで加熱する。出し入れをくり返し、ロゼに火を入れる。

蝦夷鹿のソシソン

1. 蝦夷鹿の端肉を挽肉にする。蝦夷鹿の脂、塩、コショウ、鹿とゴボウのジュを煮詰めたものを加えて練る。
2. ①を親指大に成形し、豚の網脂で巻いてフライパンで表面を焼く。
3. ②を300℃のオーブンに入れて中まで火を通す。焼き上がる少し前にローリエの枝を刺す(枝が焦げないように注意する)。

黒ゴボウ

1. バルサミコ酢とマヨネーズ(自家製)を合わせる。
2. 黒ゴボウ*に①をぬり、赤オキサリスの葉を貼り付ける。

*黒ゴボウ
黒ニンニクと同様の手法で高温高圧にかけ、熟成させたゴボウ。強い甘みや旨みが特徴

仕上げ

1. 蝦夷鹿のロティを食べやすい大きさに切り、皿に盛る。塩をふる。
2. セップ入りのじゃが芋のピュレ(解説省略)を添え、蝦夷鹿のソシソンをのせる。
3. 鹿とゴボウのジュを流し、黒ゴボウを添える。

> 蝦夷鹿の肉質は繊細で、火が入りすぎやすい。そこで肉を掃除した際に出た脂身で肉を巻いて保護し、じんわりと火を入れた。

(→168頁)

蝦夷鹿／ビーツ／洋梨
ビーツのジュ

金山康弘
ハイアット リージェンシー 箱根
リゾート＆スパ「ベルス」

[つくり方]

蝦夷鹿のロティ
❶ 蝦夷鹿（雌・3歳）の骨付きロース肉を掃除し、フライパンで焼き色をつける。
❷ ①を掃除した際に出た脂身を天板に敷き、①をのせて230℃のオーブンに入れる。出し入れをくり返してロゼに火を入れる。
❸ ②の表面をフライパンでさっと焼き、骨1本分の肉を切り出す。

洋梨
洋梨をくし切りにして、オリーブオイルをまぶす。

アレッタ
アレッタ（茎ブロッコリー）をフライパンでソテーし、塩をふる。

仕上げ
❶ 皿に蝦夷鹿のロティを盛り、塩をふる。ビーツのジュを流す。
❷ 洋梨とアレッタを添える。洋梨にはヴァローロヴィネガーと合わせたマスタードを添え、トンカ豆のすりおろしをふる。

[セニャンに焼いた艶めかしい蝦夷鹿に、ヴァローロヴィネガーやマスタード、トンカ豆でさまざまな香りを添えて繊細な味わいを表現した。]

荒井 昇
オマージュ

鶏のだし
—

[材料]

丸鶏(村越シャモロック)…3kg
昆布水…6ℓ

＊昆布水
水に昆布を一晩浸けておいたもの

[つくり方]

❶ 容器に丸鶏(村越シャモロック)と昆布水を入れる。蓋をして、85℃のスチコンで8時間加熱する。そのまま冷ます。

❷ ①を漉して鍋に移し、火にかける。アクを引きながら2/3量になるまで煮詰める。

> 荒井氏の基本のだし。鶏ガラではなく丸鶏を使い、ふくよかな味わいとする。

フォン・ド・ヴォライユ
—

[材料]

鶏ガラ(村越シャモロック)…3kg
水…6ℓ
ニンジン…1本
タマネギ…1個
セロリ…3本
トマト・コンサントレ…80g
ローリエ…1枚
タイム(乾燥)…2枝
白粒コショウ…適量

[つくり方]

❶ 容器に鶏ガラ(村越シャモロック)を入れて水を注ぐ。ざく切りしたニンジン、タマネギ、セロリ、トマト・コンサントレ、ローリエ、タイム(乾燥)、白粒コショウを入れる。蓋をして85℃のスチコンで8時間加熱する。そのまま冷ます。

❷ ①を翌日漉して鍋に移し、火にかける。液体が1ℓになるまで煮詰める。

> グラス状になる手前まで煮詰めた鶏ガラのだし。フォン・ド・ヴォー的な濃厚さがほしい時に用いる。

ジュ・ド・ラングスティーヌ
—

[材料]

ラングスティーヌの殻…1kg
ニンジン…200g
タマネギ…100g
セロリ…100g
タイム(フレッシュ)…2枝
ニンニク…1片
コニャック
白ワイン…各適量
水…2ℓ
トマト・コンサントレ…50g
米油…適量

[つくり方]

❶ 寸胴鍋に米油を熱し、適宜に切ったラングスティーヌの殻を炒める。薄切りにしたニンジン、タマネギ、セロリ、タイム、ニンニクを加えてさらに炒める。

❷ ①をコニャックでフランベし、白ワインを加える。水を注いで沸かす。

❸ ②にトマト・コンサントレを加え、30分間煮る。漉して濃度がつくまで煮詰める。

> 新鮮なラングスティーヌで作る甲殻類のだし。オマールの殻で作ることもある。

金山康弘

ハイアット リージェンシー 箱根 リゾート＆スパ「ベルス」

ジュ・ド・ピジョン

—

[材料]

鳩のガラ…500g
エシャロット…60g
ニンニク…1片
フォン・ド・ヴォライユ…750cc
水…750cc
ローリエ…1枚
米油…適量

[つくり方]

❶ 鳩のガラを包丁で叩いてきざみ、米油を
　熱したフライパンで炒める。
❷ ①に薄切りにしたエシャロットとニンニ
　クを加えてさらに炒め、フォン・ド・ヴォ
　ライユと水を加える。沸いたらローリエ
　を入れて30分ほど煮出す。
❸ ②を漉して鍋に移し、味がのるまで煮詰
　める。

[鳩の料理の合わせるジュ。鴨や鹿でも作る。]

フュメ・ド・
ラングスティーヌ

—

[材料]

ラングスティーヌの腕…400g
白ワイン…100cc
水…600cc

[つくり方]

❶ ラングスティーヌの腕を適宜に切り、
　170℃のオーブンで20分間焼く。
❷ 鍋に①、白ワイン、水を入れて30分間ほ
　ど煮出す。漉す。

[神奈川県産、静岡県産の新鮮なラングスティ
　ーヌで作る甲殻類のだし。オマールの料
　理などにも用いる。]

ブイヨン・ド・
レギューム

—

[材料]

ポワロー…30g
ニンジン…70g
タマネギ…50g
フヌイユ…30g
セロリ…60g
水…700cc
塩…ひとつまみ

[つくり方]

❶ 野菜類をすべてごく薄く切り、水ととも
　に鍋に入れて火にかける。
❷ ①が沸いたら弱火で30分間煮て、塩で味
　をととのえる。漉す。

[野菜料理や貝の料理の味のベースとして幅
　広く使う。]

高田裕介
ラ・シーム

鶏のブイヨン

—

[材料]

鶏のガラ…3kg
老鶏…1/2羽分
水…7ℓ
岩塩…少量
氷…適量
タマネギ…250g
ニンジン…100g
セロリ…50g
ポワロー(緑の部分)…適量
ニンニク…50g
ブーケガルニ…1束

[つくり方]

❶ 鶏のガラを水(分量外)にさらして血抜きする。
❷ 老鶏の内臓と尻尾の脂を取り除き、流水で内臓をよく洗う。
❸ ②を寸胴鍋に入れて水を注ぎ入れ、岩塩を加えて強火にかける。
❹ 沸騰直前に氷を入れて温度を下げ、再度加熱しながらアクを十分に引く。
❺ ④に横に半割にしたタマネギ、半分に切ったニンジン、ざく切りにしたセロリ、ポワロー、ニンニク、ブーケガルニを加える。ゆっくりと液体が対流する状態を保ち、弱火で約2〜3時間煮る。
❻ シノワで漉す。

> ラ・シームでもっとも汎用性の高いだしで、鶏ガラに加えて味がよく出る老鶏を使用。他のフォンやジュのベースとして用いる他、肉などを煮る際にも活用する。

フォン・ブラン・ド・ヴォー

—

[材料]

仔牛の骨…6kg
仔牛の足…1本
水…12ℓ
岩塩…少量
氷…適量
タマネギ…500g
ニンジン…200g
セロリ…100g
ニンニク…2個
ブーケガルニ…1束

[つくり方]

❶ 仔牛の骨と足を水(分量外)にさらして血抜きする。
❷ 寸胴鍋に①を入れて水を注ぎ入れ、岩塩を加えて強火にかける。
❸ 沸騰直前に氷を入れて温度を下げ、再度加熱して十分にアクを取る。
❹ ③に横半割にしたタマネギ、切れ目を入れたニンジン、ざく切りにしたセロリ、横半割にしたニンニク、ブーケガルニを加えて、ゆっくりと液体が対流する温度を保ちながら7時間煮る。
❺ シノワで漉す。

> 仔牛の骨と足でとるゼラチン質豊富なフォン。スープのベースにしたり、水で割って野菜料理の調理に使用することもある。

ブイヨン・ド・レギューム

—

[材料]

ニンジン…250g
タマネギ…400g
セロリ…150g
野菜くず…適量
ハーブの茎…適量
ローリエ…1枚
水…5ℓ

[つくり方]

❶ ニンジン、タマネギ、セロリをそれぞれ薄切りにする。
❷ 鍋に水を入れて沸かし、すべての材料を入れる。弱火で2時間煮てから漉す。

> 野菜のだしは、動物性のだしを思わせる味わいの「New Basic Stock」(162頁)の他に、野菜料理の煮汁などに用いるベーシックなブイヨン・ド・レギュームを常備する。

生井祐介

オード

豚のブイヨン

—

[材料]

豚のスネ肉…5kg
岩塩
水…各適量

[つくり方]

❶ 豚のスネ肉を水洗いする。
❷ スネ肉にベタ塩をし、冷蔵庫に入れて1週間塩漬けする。
❸ 流水に1時間ほどさらして塩抜きし、一度ゆでこぼす。
❹ 寸胴鍋に①と水を入れて味が出るまで3〜4時間加熱する。シノワで漉す。

> 豚のスネの塩漬けを煮出してとる、旨み、塩気、ゼラチン質ともに豊富なブイヨン。味わいはクリアだが強く、今回の「飯蛸／木の芽」のように風味の強い料理に合わせることが多い。

フォン・ド・ヴォライユ

—

[材料]

鶏ガラ（川俣シャモ）…5kg
水…鶏ガラがかぶる量
ニンジン…2本
タマネギ（皮付き）…3個
セロリ…3本
黒粒コショウ
クローヴ
ローリエ
タイム…各適量

[つくり方]

❶ 寸胴鍋に鶏ガラと水を入れて火にかける。沸いたらアクを取り除く。アクが減ってきたら大きくかき混ぜて、弱火にする。
❷ ①が沸かないように注意しながら1時間半〜2時間煮出す。
❸ ②にざく切りにしたニンジン、横半割にしたタマネギ、黒粒コショウ、クローヴを入れて30分〜1時間煮出す。
❹ ③にローリエとタイムを加え、すぐに漉す。

> 生井氏の基本のだし。甘くならないよう野菜は最低限にする。

フュメ・ド・ポワソン

—

[材料]

タイのアラ…10kg
水…20ℓ
日本酒…250cc
昆布…1本
タマネギ…1個
セロリ…2本
ショウガ
白粒コショウ…各適量

[つくり方]

❶ タイのアラを流水で洗う。
❷ 寸胴鍋に①、水、日本酒、昆布を入れて火にかける。沸いたらアクを取り除く。微沸騰直前の温度で約1時間煮出す。
❸ 横半割にしたタマネギ、それぞれ薄切りにしたセロリ、ショウガ、白粒コショウを加えて30〜45分煮出す。漉す。

> アラは白身魚のものであれば幅広く使える。現在は築地の業者から仕入れたタイのアラを使用している。

目黒浩太郎

アビス

フォン・ド・ヴォー

—

[材料]

牛の骨…10kg
牛スジ…5kg
ニンニク…1個
タマネギ…5個
ニンジン…3個
セロリ…4本
トマトペースト…50g
赤ワイン…少量
パセリの軸
ローリエ
黒粒コショウ…適量
水…20ℓ

[つくり方]

❶ 牛の骨と牛スジを天板にのせて、250℃のオーブンで焦げ目が手前までしっかりと焼く。
❷ 鍋にオリーブオイルを熱し、つぶしたニンニクを炒める。香りが立ったら小角切りにしたタマネギ、ニンジン、セロリを加える。トマトペーストと赤ワイン少量を入れてしっかりと炒める。
❸ 寸胴鍋に①と②を入れて水を注ぎ、火にかける。赤ワイン、パセリの軸、ローリエ、黒粒コショウを加え、微沸騰を保ちながら煮詰める。アクが出たら取り除き、水分が足りなくなったら水を足す。2時間ほど加熱してある程度濃度が出たら漉す。
❹ ③を鍋に移し、水(分量外)を足して煮詰める。濃度が出たら漉す。これを2〜 3回くり返す。

> ソースに濃厚なコクを出したい時に活用。煮詰める工程をくり返し、味わいが鋭角的でキレのよいだしとする。

ブイヨン・ド・プーレ

—

[材料]

ツメ鶏(1羽を8等分したもの)…2羽分
水…適量

[つくり方]

❶ 鍋にツメ鶏1羽分を入れ、ひたひたの水を注ぐ。85℃で12時間加熱する。その間は沸かさず、水が減ったら継ぎ足す。漉す。
❷ 鍋に①とツメ鶏1羽分を入れて、再度水を継ぎ足しながら85℃で12時間加熱する。漉す。

> コンソメ的な濃厚かつ澄んだだし。ソースのアクセントや旨みの補強に用いる。

ジュ・ド・プーレ

—

[材料]

ツメ鶏(3cm角にカットしたもの)…2kg
バター…100g
タマネギ…2個
ニンニク…3片
フォン・ブラン…2ℓ
米油…適量

[つくり方]

❶ ココット鍋に米油を熱し、ツメ鶏を入れて香ばしい焼き色がつくまで焼く。
❷ バター、タマネギ、ニンニクを加えて炒める。
❸ ②のバターが色づいてきたらフォン・ブランを加えて30分煮出す。漉す。
❹ ③を鍋に移し、味がのるまで煮詰めて塩で調味する。

> 肉料理を提供せず、魚介料理でコースを組む目黒氏が「肉の要素」を入れたい時に使う。

フォン・ブラン

—

[材料]

鶏ガラ…5kg
水…5ℓ

[つくり方]

❶ 寸胴鍋に掃除した鶏ガラと水を入れて火にかける。
❷ 沸いたらアクを取りながら4時間煮込む。漉す。

> ジュ・ド・プーレやスープ・ド・ポワソンを作る際に水代わりに使用。

フュメ・ド・ポワソン

—

[材料]

タイの中骨…5尾分
昆布…10g
水…1ℓ

[つくり方]

❶ タイの中骨を掃除して塩をふり、10分間おく。
❷ ①を熱湯で霜降りする。水にさらしながら血合いを取り除く。
❸ ②、昆布、水を鍋にとり加熱する。沸いたらアクを取りながら弱火で45分間加熱し、漉す。

> 沸かしすぎるとフュメが濁って臭みが出るので微沸湯を保つ。

クールブイヨン

—

[材料]

水…500cc
ニンジン…100g
タマネギ…100g
セロリ…100g
フヌイユ…50g
レモンタイム…適量

[つくり方]

❶ 鍋に水を沸かす。沸いたら、ごく薄く切っ
❷ たニンジン、タマネギ、セロリ、フヌイユを入れる。微沸騰直前の火加減で、アクを取りながら15分煮出す。
❸ ①にレモンタイムを加えて火を止める。蓋をして5分おく。漉す。

> 野菜を強火で煮出すとだしが濁るので、火加減に注意する。

フランス料理の新しいソース

—

初版発行　2018 年 8 月 15 日
2 版発行　2019 年 1 月 31 日

—

編者 ©　柴田書店
発行者　丸山兼一

発行所　株式会社柴田書店
〒 113-8477　東京都文京区湯島 3-26-9 イヤサカビル
電話　営業部：03-5816-8282（注文・問合せ）
　　　書籍編集部：03-5816-8261
http://www.shibatashoten.co.jp

印刷・製本　図書印刷株式会社

—

＊本書収載内容の無断掲載・複写（コピー）・
　データ配信等の行為はかたく禁じます。
＊乱丁・落丁本はお取替えいたします。

ISBN 978-4-388-06289-8
Printed in Japan
©Shibatashoten 2018